LIBRO DE RECETAS DE SABORES TROPICALES DE FIJI

Abrace la fusión única de sabores que definen la cocina de Fiji

Rosa Ortiz

Derechos de autor Material ©2023

Todo Derechos Reservado .

No parte de este libro puede ser usado o transmitido en cualquier forma o por cualquier medio sin el adecuado escrito consentir de el editor y derechos de autor dueño, excepto para breve citas usado en a revisar. Este libro debería no ser consideró a sustituto para médico, legal, o otro profesional consejo.

TABLA DE CONTENIDO

TABLA DE CONTENIDO 3
INTRODUCCIÓN 7
DESAYUNO 8
1. Bollos de coco de Fiji 9
2. Pan de coco de Fiji 12
3. Pastel de miel de Fiji 14
4. Pastel de pudín de Fiji 17
5. lovo 20
6. Parāoa Parai (pan frito sin gluten) 22
7. Panqueques de plátano de Fiji 25
8. Tostada francesa al estilo de Fiji 27
9. Crepes De Harina De Garbanzos 29
10. Crepes de Crema de Trigo 32
APERITIVOS 35
11. Ceviche de coco de Fiji 36
12. Albóndigas de taro y coco de Fiji 39
13. Chips de yuca de Fiji 41
14. Samosas de pollo de Fiji 43
15. Hojaldres de pescado al curry de Fiji 45
16. Langostinos al coco de Fiji 47
17. Nueces tostadas con especias de Fiji 49
PLATO PRINCIPAL 51
18. Arroz frito de Fiyi 52
19. Chop Suey de pollo de Fiji 54
20. Mahi Mahi a la parrilla de Fiji 57
21. Pollo A La Parrilla En Horno Subterráneo 60
22. Pulpo de Fiji guisado en crema de coco 63
23. Pescado al coco de Fiji con espinacas y arroz 66
CURRIES Y SOPAS 69
24. Curry fiyiano de pollo, tomate y patatas 70
25. Curry de cangrejos de Fiji 73
26. Gambas al curry de Fiji 76

27. Curry De Coco Y Yuca..79
28. Curry de pato de Fiji..82
29. Curry de pescado de Fiji...85
30. Curry de cabra de Fiji...88
31. Sopa de espinacas y taro de Fiji..91
32. Estofado de cordero de Fiji..93
33. Curry de col rizada y calabaza de Fiji....................................96
34. Curry de lentejas y espinacas de Fiji.....................................98
35. Curry de lentejas y chipotle de Fiji......................................100
36. Curry de mostaza y frijoles de Fiji.......................................102
37. Curry de arroz y frijoles blancos de Fiji.............................104
38. Quinua roja de Fiji con patatas...106
39. Lentejas rojas al curry de Fiji...109
40. Curry de guisantes de ojo negro de Fiji.............................112
41. Curry de garbanzos de Fiji..114
42. Lentejas mixtas con coco de Fiji..117
43. de tomate y remolacha al curry de Fiji...............................120
44. de calabaza y coco de Fiji...122
45. Sopa de coliflor y cúrcuma de Fiji.......................................124
46. Estofado de cordero picante de Fiji....................................127
47. Sopa de lentejas rojas de Fiji...130
48. Pollo al curry con mantequilla de Fiji.................................133
49. Chile de pollo picado de Fiji...136
50. Curry fiyiano de pollo y espinacas......................................139
51. Camarones con coco al curry de Fiji..................................142
52. Fiyiano L amb vindaloo Fusión..145
53. Curry de ternera y coco de Fiji..148
ACOMPAÑAMIENTOS Y ENSALADAS.......................................150
54. Roti (pan plano de Fiji)...151
55. Coco y yuca al vapor de Fiji...153
56. Hojas de taro hervidas de Fiji y crema de coco...............155
57. Uva de mar de Fiji...157
58. Berenjena asada de Fiji con hierbas...................................159
59. Ensalada de pescado crudo de Fiji (Kokoda)..................161
60. Roti de coco de Fiji...164

61. Ensalada de papaya verde de Fiji...................................167
62. Ensalada de piña y pepino de Fiji..................................169
63. Taro con crema de Fiji (taro en crema de coco)..........171
CONDIMENTOS..173
64. Chutney de tamarindo picante de Fiji..........................174
65. Pasta de ajo y jengibre..176
66. Salsa de pimiento picante de Fiji (Buka, Buka)..........178
67. Salsa de tamarindo de Fiji..180
68. Sambal de coco de Fiji..182
69. Salsa de hojas de taro de Fiji (Rourou Vakasoso).......184
70. Mango encurtido de Fiji (Toroi)....................................186
71. Chutney de mango y chile de Fiji.................................188
72. Cilantro de Fiji y chutney de lima.................................190
73. Salsa de piña de Fiji...192
POSTRE..194
74. Pastel de plátano de Fiji...195
75. Pastel de yuca de Fiji..198
76. Raita de Fiji..200
77. Plátanos de Fiji cocidos en coco....................................202
78. Pastel de piña de Fiji...204
79. Pastel de natillas estilo Fiji con aderezos.....................206
80. Pudín de tapioca y plátano de Fiji................................209
81. Bagatela de piña y coco de Fiji.....................................211
82. Tarta de coco de Fiji (Tavola)..213
83. Pudín de plátano y coco de Fiji....................................215
84. Bolas de taro y coco de Fiji (Kokoda Maravu)............217
85. Pan de plátano y piña de Fiji...219
BEBIDAS...221
86. Bebida de raíz de kava de Fiji.......................................222
87. Batido de plátano de Fiji..224
88. Ponche de piña de Fiji..226
89. Cóctel de coco y ron de Fiji..228
90. Cerveza de jengibre de Fiji..230
91. Papaya Lassi de Fiji...232
92. Ponche de ron de Fiji..234

93. Batido de piña y coco de Fiji..................................236
94. Lassi de mango de Fiji..238
95. Mojito de coco de Fiji..240
96. Té de jengibre y limoncillo de Fiji.......................242
97. Enfriador de tamarindo de Fiji............................244
98. Kava colada de Fiji..246
99. Enfriador de sandía y menta de Fiji....................248
100. Cóctel de pasión de Fiji.....................................250
CONCLUSIÓN..252

INTRODUCCIÓN

Bienvenido a "LIBRO DE RECETAS DE SABORES TROPICALES DE FIJI". Fiji, una joya en el corazón del Pacífico Sur, no sólo cuenta con una impresionante belleza natural sino también con una rica y diversa tradición culinaria que refleja la vibrante cultura e historia de las islas.

En las siguientes páginas, lo invitamos a embarcarse en una aventura gastronómica, explorando la fusión única de sabores que definen la cocina de Fiji. Desde las costas de Viti Levu hasta las remotas aldeas de Vanua Levu, la cocina de Fiji es un reflejo de la diversidad cultural de la nación, con mariscos frescos, frutas tropicales, especias aromáticas y métodos de cocina tradicionales como el lovo, el horno de tierra.

Este libro de cocina es la clave para descubrir los secretos de la cocina de Fiji, ya sea un chef experimentado o un cocinero casero entusiasta. Juntos, profundizaremos en el corazón de las tradiciones culinarias de Fiji, descubriremos recetas familiares preciadas y las adaptaremos a su propia cocina. Entonces, tome sus ingredientes, abrace las vibraciones tropicales y comencemos este sabroso viaje a través de los sabores de Fiji.

DESAYUNO

1. Bollos de coco de Fiji

INGREDIENTES:

- 3 tazas de harina para todo uso
- 1/4 taza de azúcar granulada
- 1 paquete (7 g) de levadura seca instantánea
- 1/2 cucharadita de sal
- 1/2 taza de agua tibia
- 1/2 taza de leche de coco
- 1/4 taza de aceite vegetal
- 1 cucharadita de extracto de vainilla
- Coco desecado (opcional, para cubrir)

INSTRUCCIONES:

a) En un tazón grande, mezcle la harina para todo uso, el azúcar granulada, la levadura seca instantánea y la sal.
b) En un recipiente aparte, combine el agua tibia, la leche de coco, el aceite vegetal y el extracto de vainilla.
c) Agrega poco a poco los ingredientes húmedos a los secos, amasando la masa hasta que quede suave y elástica. Puede utilizar una batidora de pie con un gancho para amasar o amasar a mano sobre una superficie enharinada.
d) Coloca la masa en un bol engrasado, cúbrela con un paño húmedo y déjala reposar en un lugar cálido durante aproximadamente 1 hora o hasta que doble su tamaño.
e) Precalienta tu horno a 350°F (175°C).
f) Golpee la masa cocida y divídala en bolitas.
g) Coloca las bolas en una bandeja para hornear forrada con papel pergamino.
h) Opcional: unte la parte superior de los panecillos con un poco de leche de coco y espolvoree coco rallado encima.
i) Hornea en el horno precalentado durante unos 15-20 minutos o hasta que los bollos estén dorados.

j) Retirar del horno y dejar que los bollos de coco de Fiji se enfríen un poco antes de servir.

2. Pan de coco de Fiji

INGREDIENTES:
- 3 tazas de harina para todo uso
- 2 cucharaditas de polvo de hornear
- 1/2 cucharadita de sal
- 1/2 taza de azúcar granulada
- 1 taza de coco rallado (sin azúcar)
- 1 1/4 tazas de leche de coco
- 1/4 taza de aceite vegetal
- 1 cucharadita de extracto de vainilla

INSTRUCCIONES:
a) Precalienta tu horno a 350°F (175°C). Engrase un molde para pan.
b) En un tazón grande, mezcle la harina para todo uso, el polvo para hornear, la sal, el azúcar granulada y el coco rallado.
c) En un recipiente aparte, mezcle la leche de coco, el aceite vegetal y el extracto de vainilla.
d) Agregue gradualmente los ingredientes húmedos a los ingredientes secos, revolviendo hasta que estén combinados. Tenga cuidado de no mezclar demasiado.
e) Vierta la masa en el molde para pan engrasado.
f) Hornee en el horno precalentado durante unos 45-50 minutos o hasta que al insertar un palillo en el centro, éste salga limpio.
g) Deje que el pan de coco se enfríe en el molde durante 10 minutos antes de transferirlo a una rejilla para que se enfríe por completo.
h) Corta y disfruta el pan de coco de Fiji con mantequilla o tus pastas para untar favoritas.

3. Pastel de miel de Fiji

INGREDIENTES:
- 2 tazas de harina para todo uso
- 1 cucharadita de polvo para hornear
- 1/2 cucharadita de bicarbonato de sodio
- 1/4 cucharadita de sal
- 1 cucharadita de canela molida
- 1/2 cucharadita de nuez moscada molida
- 1/2 taza de mantequilla sin sal, ablandada
- 1/2 taza de azúcar granulada
- 1/2 taza de miel de abeja
- 2 huevos grandes
- 1 taza de yogur natural
- 1 cucharadita de extracto de vainilla
- Glaseado de miel (opcional, para rociar)

INSTRUCCIONES:
a) Precalienta tu horno a 350°F (175°C). Engrase y enharine una fuente para hornear de 9x13 pulgadas.

b) En un tazón mediano, mezcle la harina para todo uso, el polvo para hornear, el bicarbonato de sodio, la sal, la canela molida y la nuez moscada molida.

c) En un tazón grande aparte, bata la mantequilla ablandada y el azúcar granulada hasta que esté suave y esponjosa.

d) Incorpora la miel y los huevos, uno a la vez, hasta que estén bien combinados.

e) Agrega el yogur natural y el extracto de vainilla a los ingredientes húmedos y mezcla hasta que quede suave.

f) Agregue gradualmente la mezcla de harina seca a los ingredientes húmedos, revolviendo hasta que estén combinados. Tenga cuidado de no mezclar demasiado.

g) Vierta la masa en la fuente para hornear preparada y extiéndala uniformemente.

h) Hornee en el horno precalentado durante unos 25-30 minutos o hasta que al insertar un palillo en el centro, éste salga limpio.

i) Opcional: rocíe glaseado de miel sobre el pastel caliente para darle más dulzura y brillo.

j) Deje que el pastel de miel de Fiji se enfríe antes de cortarlo y servirlo.

4. Pastel de pudín de Fiji

INGREDIENTES:
- 1 taza de harina para todo uso
- 1/2 taza de azúcar granulada
- 2 cucharaditas de polvo de hornear
- 1/4 cucharadita de sal
- 1/2 taza de leche
- 2 cucharadas de mantequilla sin sal, derretida
- 1 cucharadita de extracto de vainilla
- 1/2 taza de azúcar moreno
- 1/2 taza de nueces picadas (como nueces o pecanas)
- 1 taza de agua hirviendo
- Crema batida o helado, para servir (opcional)

INSTRUCCIONES:

a) Precalienta tu horno a 350°F (175°C). Engrase una fuente para hornear de 9×9 pulgadas.

b) En un tazón mediano, mezcle la harina para todo uso, el azúcar granulada, el polvo para hornear y la sal.

c) Agrega la leche, la mantequilla derretida y el extracto de vainilla hasta obtener una masa suave.

d) Extienda la masa uniformemente en la fuente para hornear preparada.

e) En un recipiente aparte, mezcle el azúcar moreno y las nueces picadas.

f) Espolvorea la mezcla de azúcar moreno y nueces sobre la masa en la fuente para hornear.

g) Vierta con cuidado el agua hirviendo de manera uniforme sobre la parte superior de la mezcla en la fuente para hornear. No revuelvas.

h) Hornea en el horno precalentado durante unos 30-35 minutos o hasta que el bizcocho esté dorado y al insertar un palillo en la parte del bizcocho salga limpio.
i) Deje que el pastel de pudín de Fiji se enfríe un poco antes de servir.
j) Sirva caliente con crema batida o helado, si lo desea, para obtener un postre delicioso.

5. lovo

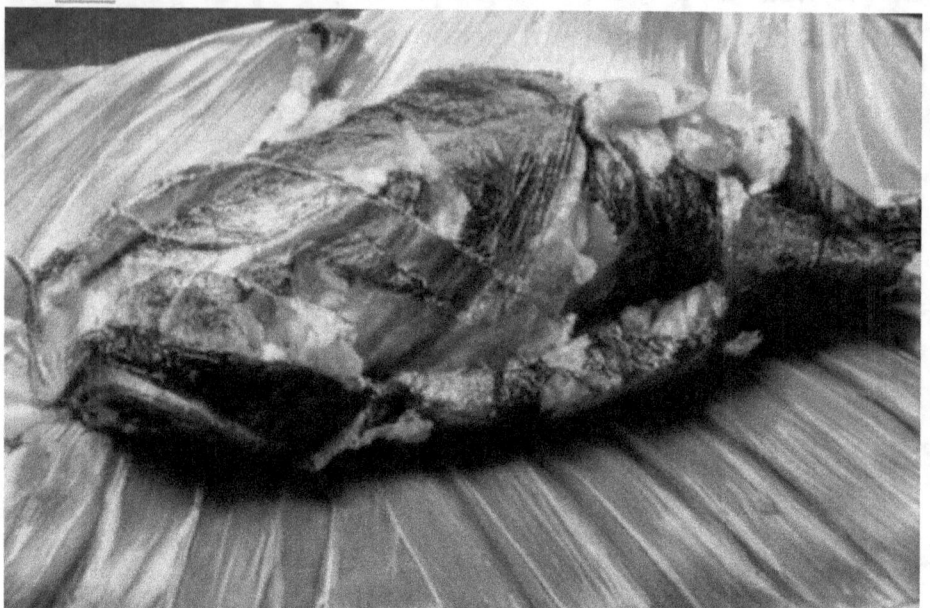

INGREDIENTES:
- Mandioca
- raiz de Taro
- Patatas dulces
- Maíz en la mazorca
- Leche de coco

INSTRUCCIONES:
a) Envuelva la yuca, la raíz de taro, las batatas y el maíz en hojas de plátano.
b) Coloca las verduras envueltas en un horno subterráneo (lovo) o en un horno normal a 350°F (180°C).
c) Hornee durante 1-2 horas hasta que las verduras estén tiernas.
d) Servir con leche de coco recién exprimida.

6. Parāoa Parai (pan frito sin gluten)

INGREDIENTES:

- 250 g de mezcla de pan saludable
- 8 g de levadura seca activa
- 15g Azúcar o miel
- ½ cucharadita de sal
- 300 ml de agua ligeramente tibia

INSTRUCCIONES:

a) Combine todos los ingredientes hasta que se forme una masa.

b) Amasar suavemente hasta formar una bola, luego dejar en un bol y cubrir con un paño de cocina. Dejar reposar hasta que duplique su tamaño, aprox. 1 hora, este no importa si lo dejas un poco más ya que lo quieres ligero y aireado.

c) Retire la masa leudada del tazón y colóquela en una mesa ligeramente enharinada. Estire suavemente la masa hasta que tenga un grosor de 15 mm y córtela en cuadrados de 6 cm x 6 cm.

d) Calienta una olla mediana con aceite a 165°C. Haga que el aceite sea lo suficientemente profundo para que la masa no toque la base y pueda flotar mientras se cocina.

e) CONSEJO: Para comprobar que la temperatura esté lo suficientemente alta, coloque el extremo de una cuchara de madera en el aceite. Si burbujea, el aceite está listo. El aceite está demasiado caliente si la masa se dora demasiado rápido y el interior todavía está pastoso o crudo.

f) Coloque suavemente la masa en el aceite caliente en tandas y cocine hasta que esté dorada, aprox. 30 segundos por lado. Una vez cocido, retírelo del aceite y transfiéralo a un plato forrado con papel toalla. Dejar reposar 5 minutos antes de servir.

7. Panqueques de plátano de Fiji

INGREDIENTES:
- 2 plátanos maduros, triturados
- 1 taza de harina para todo uso
- 1 cucharadita de polvo para hornear
- 1/2 taza de leche
- 1 huevo
- 2 cucharadas de azúcar
- Mantequilla o aceite para cocinar

INSTRUCCIONES:
a) En un tazón, combine el puré de plátanos, la harina, el polvo para hornear, la leche, el huevo y el azúcar. Mezcla hasta tener una masa suave.
b) Calienta una sartén o sartén a fuego medio y agrega un poco de mantequilla o aceite.
c) Vierta pequeñas porciones de la masa en la sartén para hacer panqueques.
d) Cocine hasta que se formen burbujas en la superficie, luego voltee y cocine por el otro lado hasta que se doren.
e) Sirva sus panqueques de plátano de Fiji con miel o almíbar.

8. Tostada francesa al estilo de Fiji

INGREDIENTES:
- 4 rebanadas de pan
- 2 huevos
- 1/2 taza de leche de coco
- 2 cucharadas de azúcar
- 1/4 cucharadita de canela
- Mantequilla para freír

INSTRUCCIONES:

a) En un recipiente poco profundo, mezcle los huevos, la leche de coco, el azúcar y la canela.

b) Calienta una sartén o sartén a fuego medio y agrega un poco de mantequilla.

c) Sumerge cada rebanada de pan en la mezcla de huevo, cubriendo ambos lados.

d) Coloque el pan rebozado en la sartén y cocine hasta que esté dorado por ambos lados.

e) Sirva su tostada francesa al estilo de Fiji con miel o almíbar.

9. Crepes De Harina De Garbanzos

INGREDIENTES:

- 2 tazas (184 g) de harina (de garbanzos) (besan)
- 1½ tazas (356 g) de agua
- 1 cebolla pequeña, pelada y picada (aproximadamente ½ taza [75 g])
- 1 pieza de raíz de jengibre, pelada y rallada o picada
- 1 a 3 chiles verdes tailandeses, serranos o de cayena, picados
- ¼ de taza (7 g) de hojas secas de fenogreco (kasoori methi)
- ½ taza (8 g) de cilantro fresco, picado
- 1 cucharadita de sal marina gruesa
- ½ cucharadita de cilantro molido
- ½ cucharadita de cúrcuma en polvo
- 1 cucharadita de chile rojo en polvo o aceite de cayena, para freír

INSTRUCCIONES:

a) En un recipiente hondo, mezcle la harina y el agua hasta que quede suave. Me gusta comenzar con un batidor y luego usar el dorso de una cuchara para deshacer los pequeños grumos de harina que normalmente se forman.

b) Deja reposar la mezcla durante al menos 20 minutos.

c) Agrega el resto de los ingredientes, excepto el aceite, y mezcla bien.

d) Calienta una plancha a fuego medio-alto.

e) Agrega ½ cucharadita de aceite y extiéndela sobre la plancha con el dorso de una cuchara o una toalla de papel. También puedes usar un aerosol para cocinar para cubrir uniformemente la sartén.

f) Con un cucharón, vierte ¼ de taza (59 ml) de masa en el centro del molde. Con la parte posterior del cucharón, extienda la masa con un movimiento circular en el sentido de las agujas del reloj desde el centro hacia el exterior del molde para crear un panqueque delgado y redondo de aproximadamente 5 pulgadas (12,5 cm) de diámetro.

g) Cocine la pobre hasta que esté ligeramente dorada por un lado, aproximadamente 2 minutos, y luego déle la vuelta para que se cocine por el otro lado. Presione hacia abajo con la espátula para asegurarse de que el centro también esté bien cocido.

h) Cocine el resto de la masa, agregando aceite según sea necesario para evitar que se pegue.

i) Sirva con una guarnición de mi chutney de menta o melocotón.

10. Crepes de Crema de Trigo

INGREDIENTES:
- 3 tazas (534 g) de crema de trigo (sooji)
- 2 tazas (474 ml) de yogur de soya natural sin azúcar
- 3 tazas (711 ml) de agua
- 1 cucharadita de sal marina gruesa
- ½ cucharadita de pimienta negra molida
- ½ cucharadita de chile rojo en polvo o cayena
- ½ cebolla amarilla o morada, pelada y finamente picada
- 1 o 2 chiles verdes tailandeses, serranos o de cayena, picados
- Aceite para freír, reservar en un tazón pequeño.
- ½ cebolla grande, pelada y cortada por la mitad (para preparar la sartén)

INSTRUCCIONES:
a) En un recipiente hondo, mezcle la crema de trigo, el yogur, el agua, la sal, la pimienta negra y el chile rojo en polvo y déjelo reposar durante 30 minutos para que fermente ligeramente.

b) Agrega la cebolla picada y los chiles. Mezclar suavemente.

c) Calienta una plancha a fuego medio-alto. Pon 1 cucharadita de aceite en la sartén.

d) Una vez que la sartén esté caliente, clava un tenedor en la parte redondeada y sin cortar de la cebolla. Sosteniendo el mango del tenedor, frote la mitad cortada de la cebolla de un lado a otro en la sartén. La combinación del calor, el jugo de cebolla y el aceite ayudan a evitar que la dosa se pegue. Mantenga la cebolla con el tenedor insertado a mano para usarla nuevamente entre dosas. Cuando se ennegrezca por la sartén, simplemente corte finamente el frente.

e) Mantenga un tazón pequeño de aceite a un lado con una cuchara; lo usará más tarde.

f) Ahora, ¡por fin a cocinar! Vierta un poco más de $\frac{1}{4}$ de taza (59 ml) de masa en el medio de la sartén preparada y caliente. Con la parte posterior del cucharón, haga movimientos lentos en el sentido de las agujas del reloj desde el centro hasta el borde exterior del molde hasta que la masa se vuelva fina y parecida a una crepe. Si la mezcla comienza a burbujear inmediatamente, simplemente baje un poco el fuego.

g) Con una cuchara pequeña, vierte un chorro fino de aceite en círculo alrededor de la masa.

h) Deje que la dosa se cocine hasta que esté ligeramente dorada y se desprenda de la sartén. Voltear y cocinar por el otro lado.

APERITIVOS

11. Ceviche de coco de Fiji

INGREDIENTES:
- 1 libra de camarones o pescado cocidos, pelados y desvenados
- 1 pepino, cortado en cubitos
- 1 tomate, cortado en cubitos
- 1 pimiento morrón (cualquier color), cortado en cubitos
- 1/4 taza de cebolla morada finamente picada
- 1/4 taza de cilantro fresco picado
- Jugo de 2-3 limas
- 1/2 taza de leche de coco
- Sal y pimienta para probar
- Ají finamente picado (opcional, para darle más picante)
- Hojuelas de coco tostadas (opcional, para decorar)
- Galletas saladas o totopos, para servir

INSTRUCCIONES:
a) En un tazón grande, combine los camarones o pescado cocidos, el pepino cortado en cubitos, el tomate, el pimiento morrón, la cebolla morada y el cilantro picado.

b) En un tazón pequeño aparte, mezcle el jugo de lima, la leche de coco, la sal y la pimienta. Ajusta el condimento a tu gusto.

c) Vierta el aderezo de leche de coco y lima sobre la mezcla de camarones o pescado en el tazón grande.

d) 4. Mezcle todo hasta que los ingredientes estén bien cubiertos con el aderezo.

e) Si prefieres un poco de picante, puedes agregar chile finamente picado al ceviche y mezclarlo.

f) Cubra el recipiente con papel film y refrigere durante al menos 30 minutos para permitir que los sabores se mezclen.

g) Antes de servir, revuelva por última vez el ceviche de coco de Fiji y pruebe para sazonar. Ajusta con más sal, pimienta o jugo de lima si es necesario.

h) Si lo deseas, espolvorea hojuelas de coco tostadas encima del ceviche para darle más textura y un toque extra de sabor a coco.

i) Sirva el ceviche de coco de Fiji frío con galletas saladas o totopos para disfrutar de un refrescante y delicioso aperitivo o comida ligera.

12. Albóndigas de taro y coco de Fiji

INGREDIENTES:
- 2 tazas de taro, pelado y rallado
- 1 taza de coco rallado
- 1/2 taza de azúcar
- Una pizca de sal

INSTRUCCIONES:
a) Combine el taro rallado y el coco en un tazón.
b) Agrega el azúcar y una pizca de sal, luego mezcla bien.
c) Forme pequeñas bolas de masa con la mezcla y cocínelas al vapor durante unos 20-30 minutos o hasta que estén firmes.
d) Sirva estas albóndigas dulces y almidonadas como delicia para el desayuno de Fiji.

13. Chips de yuca de Fiji

INGREDIENTES:
- 2 raíces grandes de yuca
- Aceite vegetal para freír
- Sal y pimienta para probar

INSTRUCCIONES:

a) Pele las raíces de yuca y córtelas en rodajas o tiras finas.

b) Calentar aceite vegetal en una sartén u olla honda.

c) Fríe las rodajas de yuca hasta que estén doradas y crujientes.

d) Retirar del aceite y escurrir sobre toallas de papel.

e) Sazone con sal y pimienta al gusto.

f) Sirva los chips de yuca como aperitivo crujiente de Fiji.

14. Samosas de pollo de Fiji

INGREDIENTES:
- 1 taza de pollo cocido, desmenuzado
- 1/2 taza de papas cortadas en cubitos, hervidas
- 1/2 taza de guisantes
- 1/4 taza de zanahorias cortadas en cubitos, hervidas
- 1/4 taza de cebolla finamente picada
- 2 dientes de ajo, picados
- 1 cucharadita de curry en polvo
- Sal y pimienta para probar
- Envoltorios de samosa (disponibles en tiendas)
- Aceite vegetal para freír

INSTRUCCIONES:
a) En una sartén, saltee la cebolla y el ajo hasta que estén fragantes.
b) Agrega el pollo, las patatas, los guisantes, las zanahorias y el curry en polvo. Cocine por unos minutos.
c) Condimentar con sal y pimienta.
d) Rellena los envoltorios de samosa con la mezcla, dóblalos en forma triangular y sella los bordes con un poco de agua.
e) Calentar aceite vegetal en una sartén honda y freír las samosas hasta que estén doradas y crujientes.
f) Sirva estas deliciosas samosas de pollo de Fiji con chutney.

15. Hojaldres de pescado al curry de Fiji

INGREDIENTES:
- 1 taza de pescado cocido, desmenuzado
- 1/2 taza de papas cortadas en cubitos, hervidas
- 1/4 taza de guisantes
- 1/4 taza de zanahorias cortadas en cubitos, hervidas
- 1/4 taza de cebolla picada
- 1 diente de ajo, picado
- 1 cucharadita de curry en polvo
- Sal y pimienta para probar
- Hojas de hojaldre (disponibles en tiendas)

INSTRUCCIONES:
a) En una sartén, saltee la cebolla y el ajo hasta que estén fragantes.
b) Agrega el pescado, las patatas, los guisantes, las zanahorias y el curry en polvo. Cocine por unos minutos.
c) Condimentar con sal y pimienta.
d) Rellenar láminas de hojaldre con la mezcla, doblarlas en forma triangular y sellar los bordes.
e) Hornear según las instrucciones del paquete de hojaldre hasta que estén dorados e inflados.
f) Sirva estos sabrosos hojaldres de pescado al curry de Fiji como aperitivos.

16. Langostinos al coco de Fiji

INGREDIENTES:
- 1/2 libra de langostinos grandes, pelados y desvenados
- 1 taza de coco rallado
- 1/2 taza de harina para todo uso
- 1 huevo batido
- Sal y pimienta para probar
- Aceite vegetal para freír

INSTRUCCIONES:

a) En un bol mezcla el coco rallado con una pizca de sal y pimienta.

b) Pasar cada langostino por el huevo batido y luego rebozarlos con el coco rallado.

c) Calentar aceite vegetal en una sartén y sofreír las gambas rebozadas hasta que estén doradas y crujientes.

d) Sirva estos deliciosos langostinos al coco de Fiji con una salsa de su elección.

17. Nueces tostadas con especias de Fiji

INGREDIENTES:
- 2 tazas de frutos secos mixtos (almendras, anacardos, maní, etc.)
- 1 cucharada de aceite de oliva
- 1 cucharadita de curry en polvo
- 1/2 cucharadita de comino molido
- 1/2 cucharadita de pimentón
- Sal al gusto

INSTRUCCIONES:
a) Precalienta tu horno a 350°F (180°C).
b) En un bol, mezcle la mezcla de nueces con aceite de oliva, curry en polvo, comino, pimentón y una pizca de sal.
c) Extienda las nueces condimentadas en una bandeja para hornear y ase durante 10 a 15 minutos, o hasta que se vuelvan fragantes y ligeramente tostadas.
d) Déjelos enfriar antes de servirlos como una mezcla especiada de nueces de Fiji.

PLATO PRINCIPAL

18. Arroz frito de Fiyi

INGREDIENTES:
- 2 tazas de arroz cocido, enfriado
- 2 huevos batidos
- 1/2 taza de jamón o pollo cocido en cubitos
- 1/2 taza de piña picada
- 1/2 taza de vegetales mixtos cortados en cubitos (pimientos, guisantes, zanahorias, etc.)
- Salsa de soja al gusto
- Sal y pimienta para probar
- Aceite de cocina

INSTRUCCIONES:
a) Calienta un poco de aceite en una sartén grande o en un wok a fuego medio-alto.
b) Agrega los huevos batidos y revuélvelos. Retirar de la sartén y reservar.
c) En la misma sartén, añade un poco más de aceite si es necesario y sofríe el jamón o el pollo cortado en cubitos y las verduras mixtas hasta que estén tiernos.
d) Agrega el arroz cocido, los huevos revueltos, la piña cortada en cubitos y un chorrito de salsa de soja. Sofríe hasta que todo esté bien caliente y bien combinado.
e) Sazone con sal y pimienta al gusto.
f) Sirva caliente su desayuno fiyiano con arroz frito.

19. Chop Suey de pollo de Fiji

INGREDIENTES:
- 1 libra de pechugas o muslos de pollo deshuesados y sin piel, en rodajas finas
- 2 cucharadas de aceite vegetal
- 1 cebolla, rebanada
- 2 dientes de ajo, picados
- Trozo de 1 pulgada de jengibre fresco, rallado
- 1 taza de repollo rebanado
- 1 taza de zanahorias en rodajas
- 1 taza de pimientos morrones en rodajas (rojo, verde o amarillo)
- 1 taza de floretes de brócoli en rodajas
- 1/4 taza de salsa de soja
- 2 cucharadas de salsa de ostras
- 1 cucharada de maicena, disuelta en 2 cucharadas de agua
- Arroz blanco cocido, para servir

INSTRUCCIONES:
a) En una sartén grande o wok, calienta el aceite vegetal a fuego medio-alto.

b) Agrega el pollo en rodajas y sofríe hasta que esté bien cocido y ligeramente dorado. Retire el pollo de la sartén y déjelo a un lado.

c) En la misma sartén, agregue un poco más de aceite si es necesario y saltee las cebollas en rodajas, el ajo picado y el jengibre rallado hasta que estén fragantes y las cebollas estén traslúcidas.

d) Agrega el repollo en rodajas, las zanahorias, los pimientos morrones y el brócoli a la sartén. Sofríe las verduras durante unos minutos hasta que estén tiernas y crujientes.

e) Regrese el pollo cocido a la sartén y mézclelo con las verduras.

f) En un tazón pequeño, mezcle la salsa de soja y la salsa de ostras. Vierta la salsa sobre el pollo y las verduras y mezcle todo hasta que esté bien cubierto.

g) Agregue la mezcla de maicena para espesar un poco la salsa.

h) Sirva el Chop Suey de pollo de Fiji sobre arroz blanco cocido para obtener una comida sabrosa y satisfactoria.

20. Mahi Mahi a la parrilla de Fiji

INGREDIENTES:
- 4 filetes de Mahi Mahi (o cualquier pescado blanco firme)
- 1/4 taza de leche de coco
- 2 cucharadas de jugo de lima
- 2 dientes de ajo, picados
- 1 cucharadita de jengibre fresco rallado
- 1 cucharadita de comino molido
- 1 cucharadita de cilantro molido
- 1/2 cucharadita de cúrcuma en polvo
- Sal y pimienta para probar
- Cilantro fresco picado, para decorar
- Gajos de lima, para servir

INSTRUCCIONES:
a) En un plato poco profundo, combine la leche de coco, el jugo de lima, el ajo picado, el jengibre rallado, el comino molido, el cilantro molido, la cúrcuma en polvo, la sal y la pimienta para crear la marinada.

b) Coloque los filetes de Mahi Mahi en la marinada, asegurándose de cubrirlos bien. Cubra el plato y refrigere durante al menos 30 minutos para permitir que los sabores se infundan en el pescado.

c) Precalienta tu parrilla a fuego medio-alto.

d) Retire los filetes de Mahi Mahi de la marinada y áselos durante unos 3-4 minutos por cada lado o hasta que estén bien cocidos y tengan bonitas marcas de parrilla.

e) Mientras asa a la parrilla, puede untar un poco de la marinada sobrante sobre el pescado para mantenerlo húmedo y agregarle más sabor.

f) Una vez que el pescado esté cocido, transfiérelo a una fuente para servir y decora con cilantro fresco picado.

g) Sirva el Mahi Mahi a la parrilla de Fiji con rodajas de limón a un lado para exprimirlo sobre el pescado.

21. Pollo A La Parrilla En Horno Subterráneo

INGREDIENTES:
- 1 pollo entero, limpio y cortado en trozos
- 1 libra de chuletas de cordero o trozos de carne de cordero
- 1 libra de costillas de cerdo o trozos de cerdo
- 1 libra de filetes de pescado (cualquier pescado blanco firme)
- 1 libra de taro, pelado y cortado en trozos
- 1 libra de batatas, peladas y cortadas en trozos
- 1 libra de yuca, pelada y cortada en trozos
- 1 libra de plátanos, pelados y cortados en trozos
- Hojas de plátano o papel de aluminio, para envolver.
- Sal y pimienta para probar
- Gajos de limón o lima, para servir

INSTRUCCIONES:
a) Precalienta tu parrilla a fuego medio-alto.
b) Sazone el pollo, el cordero y el cerdo con sal y pimienta al gusto.
c) En un tazón grande, mezcle el taro, las batatas, la yuca y los plátanos.
d) Cree paquetes individuales con hojas de plátano o papel de aluminio colocando una porción de cada carne y verdura en el centro y doblando las hojas o el papel de aluminio para encerrar el contenido de forma segura.
e) Coloque los paquetes en la parrilla y cocínelos durante aproximadamente 1 a 1,5 horas o hasta que toda la carne y las verduras estén tiernas y completamente cocidas.
f) Abra con cuidado los paquetes y transfiera el contenido asado a una fuente para servir.

g) Sirva la comida a la parrilla de Fiji en un horno subterráneo con rodajas de limón o lima a un lado para mayor frescura y sabor.

22. Pulpo de Fiji guisado en crema de coco

INGREDIENTES:
- 2 libras de pulpo, limpio y cortado en trozos pequeños
- 2 cucharadas de aceite vegetal
- 1 cebolla, finamente picada
- 2 dientes de ajo, picados
- Trozo de 1 pulgada de jengibre fresco, rallado
- 2 tomates, picados
- 1 taza de crema de coco
- 2 tazas de agua o caldo de pescado
- 1 cucharada de salsa de pescado
- 1 cucharada de salsa de soja
- 1 cucharada de jugo de limón o lima
- Sal y pimienta para probar
- Cilantro fresco picado, para decorar
- Arroz blanco cocido, para servir

INSTRUCCIONES:
a) En una olla grande o en una cacerola, caliente el aceite vegetal a fuego medio.

b) Agrega la cebolla picada, el ajo picado y el jengibre rallado. Saltee hasta que las cebollas estén suaves y traslúcidas.

c) Agrega los trozos de pulpo a la olla y cocina por unos minutos hasta que comiencen a curvarse y volverse opacos.

d) Agregue los tomates picados, la crema de coco, el agua o caldo de pescado, la salsa de pescado, la salsa de soja y el jugo de limón o lima. Mezclar todo bien.

e) Tapa la olla y deja que el guiso de pulpo hierva a fuego lento durante aproximadamente 45 minutos a 1 hora o hasta que esté tierno y completamente cocido.

f) Sazone con sal y pimienta al gusto.

g) Adorne con cilantro fresco picado antes de servir.
h) Sirva el pulpo de Fiji guisado en crema de coco con arroz blanco cocido para obtener un delicioso plato de mariscos.

23. Pescado al coco de Fiji con espinacas y arroz

INGREDIENTES:
- 1 tallo de limoncillo, finamente picado
- 1 chile rojo, finamente picado (opcional)
- ½ cebolla morada, cortada en rodajas finas
- 4 tomates maduros, picados en trozos grandes (o 1 lata de tomates triturados)
- 1 lata de leche de coco
- 2-3 cucharadas de jugo de limón
- 2 cucharadas de salsa de pescado
- 1 cucharadita de azúcar
- ¼ de taza de hojas de albahaca, picadas en trozos grandes, más un poco más para decorar
- 600 g de filetes de pescado blanco (p. ej., terakihi, rubio, pargo, etc.)
- 300 g de espinacas tiernas
- Arroz al vapor, para servir

INSTRUCCIONES:
a) En una sartén grande a fuego medio, agregue ¼ de taza de leche de coco, hierba de limón y chile (si se usa). Saltee hasta que el líquido se evapore y la hierba de limón se ablande (aproximadamente 2-3 minutos).

b) Agregue el resto de la leche de coco, la cebolla en rodajas, los tomates (frescos o enlatados), el jugo de limón, la salsa de pescado, el azúcar y las hojas de albahaca picadas. Deje que la mezcla hierva a fuego lento durante 5 minutos, permitiendo que los sabores se mezclen.

c) Seque los filetes de pescado con toallas de papel y asegúrese de que no queden escamas ni espinas. Sazone el pescado con sal y pimienta.

d) Coloque con cuidado los filetes de pescado en la salsa de coco, asegurándose de que estén completamente sumergidos. Cocine a fuego lento durante 4 minutos, luego voltee con cuidado los filetes y cocine por 1 minuto más o hasta que el pescado esté bien cocido.

e) En una sartén aparte, cocine al vapor o saltee ligeramente las espinacas tiernas hasta que se ablanden.

f) Para servir, vierta una cantidad generosa de arroz en cada plato. Cubra con pescado y la sabrosa salsa de coco.

g) Agrega una porción de espinacas marchitas a un lado. Adorne con hojas de albahaca adicionales para darle un toque fresco.

CURRIES Y SOPAS

24. Curry fiyiano de pollo, tomate y patatas

INGREDIENTES:
- 1 libra de trozos de pollo (con o sin hueso), cortados en trozos pequeños
- 2 cucharadas de aceite vegetal
- 1 cebolla, finamente picada
- 2 dientes de ajo, picados
- Trozo de 1 pulgada de jengibre fresco, rallado
- 2 tomates, picados
- 2 patatas, peladas y cortadas en cubitos
- 1 taza de leche de coco
- 1 cucharada de curry en polvo
- 1 cucharadita de comino molido
- 1 cucharadita de cilantro molido
- 1/2 cucharadita de cúrcuma en polvo
- 1/4 cucharadita de chile en polvo (ajuste según su preferencia de especias)
- Sal y pimienta para probar
- Cilantro fresco picado, para decorar
- Arroz blanco cocido, para servir

INSTRUCCIONES:
a) En una olla o sartén grande, calienta el aceite vegetal a fuego medio.
b) Agrega la cebolla picada, el ajo picado y el jengibre rallado. Saltee hasta que las cebollas estén suaves y traslúcidas.
c) Agrega los trozos de pollo a la olla y dóralos por todos lados.
d) Agregue los tomates picados, las papas cortadas en cubitos, la leche de coco, el curry en polvo, el comino

molido, el cilantro molido, la cúrcuma en polvo y el chile en polvo. Mezclar todo bien.

e) Sazone con sal y pimienta al gusto.

f) Tapa la olla y deja que el curry hierva a fuego lento durante unos 30 minutos o hasta que el pollo esté completamente cocido y las patatas tiernas.

g) Ajuste el condimento si es necesario.

h) Adorne con cilantro fresco picado antes de servir.

i) Sirva el curry fiyiano de pollo, tomate y papa con arroz blanco cocido para obtener una comida reconfortante y sabrosa.

25. Curry de cangrejos de Fiji

INGREDIENTES:
- 2 libras de cangrejos, limpios y cortados en trozos
- 2 cucharadas de aceite vegetal
- 1 cebolla, finamente picada
- 2 dientes de ajo, picados
- Trozo de 1 pulgada de jengibre fresco, rallado
- 2 tomates, picados
- 1 cucharada de curry en polvo
- 1 cucharadita de comino molido
- 1 cucharadita de cilantro molido
- 1/2 cucharadita de cúrcuma en polvo
- 1/4 cucharadita de chile en polvo (ajuste según su preferencia de especias)
- 1 taza de leche de coco
- Sal y pimienta para probar
- Cilantro fresco picado, para decorar
- Arroz blanco cocido, para servir

INSTRUCCIONES:
a) En una olla o sartén grande, calienta el aceite vegetal a fuego medio.
b) Agrega la cebolla picada, el ajo picado y el jengibre rallado. Saltee hasta que las cebollas estén suaves y traslúcidas.
c) Agrega los cangrejos a la olla y saltea durante unos minutos hasta que empiecen a ponerse rosados.
d) Agregue los tomates picados, el curry en polvo, el comino molido, el cilantro molido, la cúrcuma en polvo y el chile en polvo. Mezclar todo bien.
e) Vierta la leche de coco y lleve el curry a fuego lento.

f) Tapa la olla y deja que los cangrejos se cocinen en el curry de coco durante unos 15 a 20 minutos o hasta que estén completamente cocidos y tiernos.

g) Sazone con sal y pimienta al gusto.

h) Adorne con cilantro fresco picado antes de servir.

i) Sirva el curry de cangrejos de Fiji con arroz blanco cocido para disfrutar de una deliciosa comida de mariscos.

26. Gambas al curry de Fiji

INGREDIENTES:
- 1 libra de langostinos grandes, pelados y desvenados
- 2 cucharadas de aceite vegetal
- 1 cebolla, finamente picada
- 2 dientes de ajo, picados
- Trozo de 1 pulgada de jengibre fresco, rallado
- 2 tomates, picados
- 1 cucharada de curry en polvo
- 1 cucharadita de comino molido
- 1 cucharadita de cilantro molido
- 1/2 cucharadita de cúrcuma en polvo
- 1/4 cucharadita de chile en polvo (ajuste según su preferencia de especias)
- 1 taza de leche de coco
- Sal y pimienta para probar
- Cilantro fresco picado, para decorar
- Arroz blanco cocido, para servir

INSTRUCCIONES:
a) En una olla o sartén grande, calienta el aceite vegetal a fuego medio.
b) Agrega la cebolla picada, el ajo picado y el jengibre rallado. Saltee hasta que las cebollas estén suaves y traslúcidas.
c) Añade los langostinos a la olla y cocina unos minutos hasta que empiecen a tomar un color rosado.
d) Agregue los tomates picados, el curry en polvo, el comino molido, el cilantro molido, la cúrcuma en polvo y el chile en polvo. Mezclar todo bien.
e) Vierta la leche de coco y lleve la mezcla a fuego lento.

f) Tapa la olla y deja que los langostinos se cocinen en el curry de coco durante unos 5-7 minutos o hasta que estén completamente cocidos y tiernos.

g) Sazone con sal y pimienta al gusto.

h) Adorne con cilantro fresco picado antes de servir.

i) Sirva los langostinos al curry de Fiji con arroz blanco cocido para obtener un delicioso plato de mariscos.

27. Curry De Coco Y Yuca

INGREDIENTES:

- 2 cucharadas (30 ml) de aceite de coco
- 1/2 cebolla, picada
- 8 dientes de ajo
- Trozo de 1 pulgada de jengibre fresco
- 400 g (14 oz) de yuca (pelada, lavada y cortada en cubos de 1 pulgada)
- 1 cucharadita de cúrcuma en polvo
- 1 cucharadita de sal, o al gusto
- 1 cucharadita de pimienta recién molida
- 3 tazas (720 ml) de agua
- 2 tazas (480 ml) de leche de coco
- 8 hojas de curry frescas enteras

INSTRUCCIONES:

a) Calienta una sartén o sartén grande a fuego medio y agrega 1 cucharada de aceite de coco. Agrega las cebollas picadas a la sartén y saltea hasta que estén transparentes, aproximadamente 3 minutos.

b) Machaque el ajo y el jengibre con un mortero y agregue esta pasta gruesa a las cebollas. Deja que esto se cocine por un minuto. Agrega los cubos de yuca picados, la cúrcuma, 1 cucharadita de sal o al gusto y pimienta. Revuelva bien. Agrega agua, cubre la cacerola con una tapa y deja que hierva a fuego lento. Después de 15 minutos, destapa la sartén y verifica si los cubos de yuca se han ablandado. Si los cubos no están blandos, continúe cocinando de 3 a 5 minutos más.

c) Reducir el fuego, agregar la leche de coco y mezclar bien. Deje que la salsa se espese un poco durante 2 minutos. Prueba y ajusta el sazón.

d) En una sartén aparte, caliente la 1 cucharada restante de aceite de coco a fuego medio-bajo. Agrega las hojas de curry y deja que se calienten durante 1 minuto. Retirar del fuego y

28. Curry de pato de Fiji

INGREDIENTES:
- 2 libras de carne de pato, cortada en trozos
- 2 cucharadas de aceite vegetal
- 1 cebolla, finamente picada
- 2 dientes de ajo, picados
- Trozo de 1 pulgada de jengibre fresco, rallado
- 2 tomates, picados
- 1 cucharada de curry en polvo
- 1 cucharadita de comino molido
- 1 cucharadita de cilantro molido
- 1/2 cucharadita de cúrcuma en polvo
- 1/4 cucharadita de chile en polvo (ajuste según su preferencia de especias)
- 1 taza de leche de coco
- Sal y pimienta para probar
- Cilantro fresco picado, para decorar
- Arroz blanco cocido, para servir

INSTRUCCIONES:
a) En una olla o sartén grande, calienta el aceite vegetal a fuego medio.
b) Agrega la cebolla picada, el ajo picado y el jengibre rallado. Saltee hasta que las cebollas estén suaves y traslúcidas.
c) Agrega la carne de pato a la olla y cocina hasta que se dore por todos lados.
d) Agregue los tomates picados, el curry en polvo, el comino molido, el cilantro molido, la cúrcuma en polvo y el chile en polvo. Mezclar todo bien.
e) Vierta la leche de coco y lleve el curry a fuego lento.

f) Tapa la olla y deja que la carne de pato se cocine en el curry de coco durante unos 45 a 60 minutos o hasta que esté tierna y completamente cocida.
g) Sazone con sal y pimienta al gusto.
h) Adorne con cilantro fresco picado antes de servir.
i) Sirva el pato al curry de Fiji con arroz blanco cocido para obtener una comida sabrosa y abundante.

29. Curry de pescado de Fiji

INGREDIENTES:
- 3 cucharadas (44 mililitros) de aceite vegetal
- 1 cebolla mediana, pelada y cortada en cubitos
- 1 rama de canela
- 3 dientes de ajo, pelados y picados
- 2 chiles rojos largos, sin tallos ni semillas, picados
- 1 1/2 cucharaditas de garam masala
- 1 cucharadita de comino tostado molido
- 1 cucharadita de cúrcuma molida
- 2 tomates medianos, finamente picados
- 1 1/2 libras (680 gramos) de pescado blanco firme
- Jugo de 1 limón
- 1 2/3 tazas (400 ml) de leche de coco
- Sal al gusto
- Cilantro recién picado para decorar
- Arroz blanco al vapor para servir

INSTRUCCIONES:
a) En una sartén grande, rocía el aceite vegetal a fuego medio.

b) Una vez caliente el aceite, agrega la cebolla picada y la ramita de canela. Cocine hasta que la cebolla comience a ablandarse, luego agregue el ajo picado y los chiles rojos picados. Cocine hasta que esté fragante.

c) Agregue el garam masala, el comino tostado molido y la cúrcuma molida. Deja que las especias liberen sus sabores y aromas.

d) Agregue los tomates finamente cortados en cubitos a la sartén y cocine, revolviendo ocasionalmente, hasta que los tomates comiencen a descomponerse y formen una

consistencia parecida a una salsa, aproximadamente 15 minutos.
e) Coloque los trozos de pescado blanco firme alrededor de la mezcla de tomate en la sartén. Rocíe el jugo de limón sobre el pescado.
f) Cocine el pescado durante un par de minutos por un lado y luego voltee suavemente los trozos hacia el otro lado.
g) Vierta la leche de coco y lleve la mezcla a fuego lento. Deje que el pescado se cocine bien y absorba los sabores del curry de coco, aproximadamente 5 minutos.
h) Sazone el pescado Suruwa con sal al gusto.
i) Adorne con cilantro recién picado antes de servir.
j) Sirva el delicioso pescado Suruwa de Fiji inmediatamente con arroz blanco al vapor.
k) ¡Disfruta de este rápido y sabroso curry de pescado como una comida deliciosa!

30. Curry de cabra de Fiji

INGREDIENTES:
- 2 libras de carne de cabra, cortada en trozos
- 2 cucharadas de aceite vegetal
- 1 cebolla, finamente picada
- 2 dientes de ajo, picados
- Trozo de 1 pulgada de jengibre fresco, rallado
- 2 tomates, picados
- 1 cucharada de curry en polvo
- 1 cucharadita de comino molido
- 1 cucharadita de cilantro molido
- 1/2 cucharadita de cúrcuma en polvo
- 1/4 cucharadita de chile en polvo (ajuste según su preferencia de especias)
- 1 taza de leche de coco
- Sal y pimienta para probar
- Cilantro fresco picado, para decorar
- Arroz blanco cocido, para servir

INSTRUCCIONES:
a) En una olla o sartén grande, calienta el aceite vegetal a fuego medio.
b) Agrega la cebolla picada, el ajo picado y el jengibre rallado. Saltee hasta que las cebollas estén suaves y traslúcidas.
c) Agrega la carne de cabra a la olla y cocina hasta que se dore por todos lados.
d) Agregue los tomates picados, el curry en polvo, el comino molido, el cilantro molido, la cúrcuma en polvo y el chile en polvo. Mezclar todo bien.
e) Vierta la leche de coco y lleve el curry a fuego lento.

f) Tapa la olla y deja que la carne de cabra se cocine en el curry de coco durante aproximadamente 1,5 a 2 horas o hasta que esté tierna y se desprenda fácilmente del hueso.
g) Es posible que tengas que agregar un poco de agua durante el proceso de cocción si el curry comienza a secarse demasiado.
h) Sazone con sal y pimienta al gusto.
i) Adorne con cilantro fresco picado antes de servir.
j) Sirva el curry de cabra de Fiji con arroz blanco cocido o roti para disfrutar de una comida abundante y sabrosa.

31. Sopa de espinacas y taro de Fiji

INGREDIENTES:
- 2 tazas de taro, pelado y cortado en cubitos
- 1 taza de espinacas frescas, picadas
- 1/2 cebolla, picada
- 2 dientes de ajo, picados
- 4 tazas de caldo de verduras o pollo
- 1/2 taza de leche de coco
- Sal y pimienta para probar

INSTRUCCIONES:
a) En una olla grande, saltee la cebolla y el ajo hasta que estén fragantes.
b) Agrega el taro cortado en cubitos y sofríe unos minutos.
c) Vierta el caldo y cocine a fuego lento hasta que el taro esté tierno.
d) Agrega las espinacas picadas y la leche de coco. Cocine hasta que las espinacas se ablanden.
e) Condimentar con sal y pimienta.
f) Sirva esta sopa de espinacas y taro de Fiji como un abundante aperitivo.

32. Estofado de cordero de Fiji

INGREDIENTES:
- 2 libras de carne de cordero guisada, cortada en trozos
- 2 cucharadas de aceite vegetal
- 1 cebolla, finamente picada
- 2 dientes de ajo, picados
- Trozo de 1 pulgada de jengibre fresco, rallado
- 2 tomates, picados
- 1 cucharada de curry en polvo
- 1 cucharadita de comino molido
- 1 cucharadita de cilantro molido
- 1/2 cucharadita de cúrcuma en polvo
- 1/4 cucharadita de chile en polvo (ajuste según su preferencia de especias)
- 1 taza de leche de coco
- 2 tazas de agua o caldo de verduras
- Sal y pimienta para probar
- Cilantro fresco picado, para decorar
- Arroz blanco cocido o roti, para servir

INSTRUCCIONES:
a) En una olla grande o en una cacerola, caliente el aceite vegetal a fuego medio.

b) Agrega la cebolla picada, el ajo picado y el jengibre rallado. Saltee hasta que las cebollas estén suaves y traslúcidas.

c) Agrega la carne de cordero guisada a la olla y cocina hasta que se dore por todos lados.

d) Agregue los tomates picados, el curry en polvo, el comino molido, el cilantro molido, la cúrcuma en polvo y el chile en polvo. Mezclar todo bien.

e) Vierta la leche de coco y el agua o caldo de verduras. Lleva el guiso a fuego lento.

f) Tapa la olla y deja que el guiso de cordero se cocine a fuego lento durante aproximadamente 1,5 a 2 horas o hasta que la carne esté tierna y sabrosa.

g) Sazone con sal y pimienta al gusto.

h) Adorne con cilantro fresco picado antes de servir.

i) Sirva el estofado de cordero de Fiji con arroz blanco cocido o roti para disfrutar de una comida abundante y deliciosa.

33. Curry de col rizada y calabaza de Fiji

INGREDIENTES:
- 1 taza de col rizada, picada
- 2 tazas de leche de coco
- 2 tazas de calabaza, en cubitos
- 1 cucharada de ajo en polvo
- 1 taza de garbanzos, remojados durante la noche
- 1 cucharadita de chile en polvo
- 1 cucharada de comino en polvo
- 2 tazas de caldo de verduras
- 3 dientes de ajo, picados
- 1 cebolla mediana, picada
- 3 cucharadas de aceite de oliva
- 1 cucharadita de pimienta

INSTRUCCIONES:
a) En la olla instantánea, combine todos los ingredientes y mezcle bien.
b) Selle la cacerola con tapa y cocine a fuego lento durante 6 horas.
c) Revuelva bien antes de servir.

34. Curry de lentejas y espinacas de Fiji

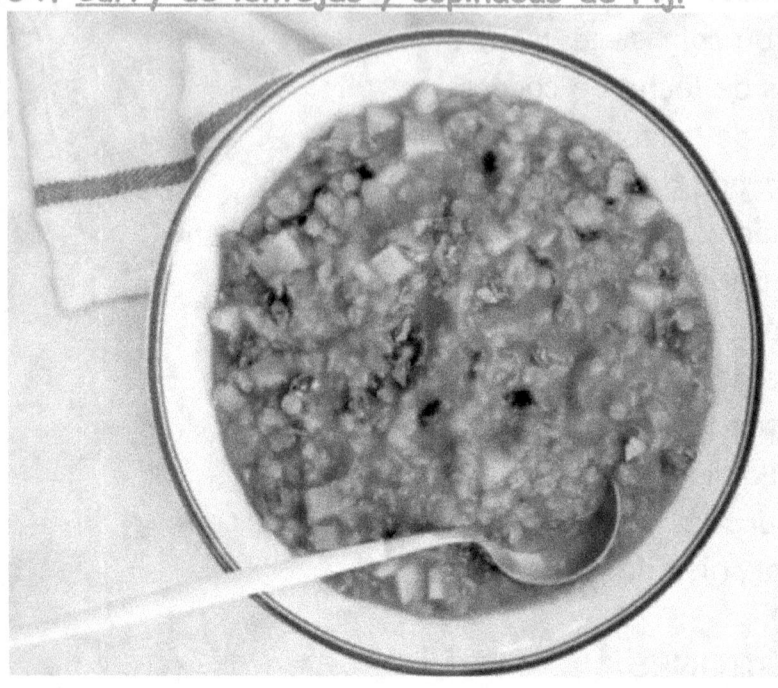

INGREDIENTES:
- 4 tazas de espinacas tiernas, picadas
- 1 cebolla mediana, picada
- 2 cucharadas de aceite de oliva
- 3 tazas de caldo de verduras
- 3 dientes de ajo, picados
- 1/4 cucharadita de pimienta de cayena
- 1 1/2 tazas de lentejas rojas, secas
- 1 cucharadita de cilantro molido
- 1 cucharadita de comino molido
- 1/4 taza de cilantro, picado
- 1 papa mediana, cortada en cubitos
- 1 cucharadita de cúrcuma molida
- 1/2 cucharadita de sal

INSTRUCCIONES:
a) Vierte el aceite en la cacerola y ponla en modo salteado.
b) Saltear la cebolla durante 5 minutos.
c) Agrega el ajo y cocina por otros 30 segundos.
d) Agregue la cayena, la cúrcuma, el cilantro y el comino.
e) Revuelva todo bien.
f) En un tazón grande, combine la papa, el caldo de verduras, las lentejas y la sal. Revuelva todo bien.
g) Cocine a fuego alto con la tapa puesta.
h) Utilice el método de liberación rápida para aliviar la presión antes de abrir la tapa.
i) Agregue el cilantro y las espinacas.

35. Curry de lentejas y chipotle de Fiji

INGREDIENTES:
- 1 taza de lentejas marrones; enjuagado y recogido
- 1/2 cebolla mediana; Cortado.
- 1/2 pimiento verde mediano; Cortado.
- 1/2 cucharadas de aceite de canola
- 1 chipotle en salsa adobo
- 1/4 taza de tomates secados al sol; Cortado.
- 1/2 cucharadita de comino molido
- 1 diente de ajo; Cortado.
- $1\frac{1}{2}$ cucharadas de chile en polvo
- 1 lata (1/4 oz. de tomates cortados en cubitos)
- 2 tazas de caldo de verduras
- Sal; probar

INSTRUCCIONES:
a) Inserte la cebolla y el pimiento morrón en la olla instantánea y cocine durante 2 minutos en la función Saltear.
b) Saltee durante 1 minuto después de agregar el ajo y el chile en polvo.
c) Asegure la tapa y agregue los ingredientes restantes.
d) Cocine durante 12 minutos a alta presión utilizando la función Función Manual.
e) Sirve con una guarnición de cilantro picado y queso cheddar rallado.

36. Curry de mostaza y frijoles de Fiji

INGREDIENTES:
- ½ taza de salsa de tomate
- ½ cucharada de aceite de oliva
- 2 cucharadas de melaza
- 2 cucharaditas de mostaza en polvo
- ¼ cucharadita de pimienta negra molida
- 1 ½ rebanadas de tocino, picado
- ½ cebolla mediana, picada
- ½ pimiento verde pequeño, picado
- 1 ½ lata de frijoles blancos, enjuagados y escurridos
- 1 cucharadita de vinagre de manzana
- 2 cucharadas de cilantro picado

INSTRUCCIONES:
a) En tu Instant Pot, selecciona el modo Saltear y agrega el aceite, la cebolla, el tocino y el pimiento durante 6 minutos.
b) Asegure la tapa y agregue los ingredientes restantes.
c) Cocine durante 8 minutos a alta presión usando la función Manual.
d) Después del pitido, realice una liberación Natural durante 10 minutos, luego una liberación Rápida para expulsar el vapor residual.
e) Espolvorea con cilantro picado.

37. Curry de arroz y frijoles blancos de Fiji

INGREDIENTES:

- 1 libra de frijoles blancos, remojados y enjuagados
- ½ cucharadita de pimiento rojo
- ½ cucharadita de cúrcuma molida
- 1 cucharada de cebolla en polvo
- 2 cucharaditas de ajo en polvo
- 1-2 cucharaditas de sal
- 1 hoja de laurel
- 6 tazas de caldo de verduras sin sal
- Arroz blanco hervido para servir

INSTRUCCIONES:

a) En Instant Pot, combine todos los ingredientes indicados excepto el arroz blanco.

b) Asegure la tapa cubriéndola. Asegúrese de que la manija de liberación de presión esté en la posición sellada.

c) Después del timbre, realice una liberación natural de 20 minutos.

d) Revuelva bien y sirva inmediatamente con arroz blanco caliente.

38. Quinua roja de Fiji con patatas

INGREDIENTES:
- 2 cucharadas de aceite
- 1 cucharadita de semillas de comino
- 1 taza de quinua roja, enjuagada y escurrida
- 10 hojas de curry, picadas
- 1 cucharadita de chiles verdes picantes picados
- 1 papa roja pequeña, cortada en cubos de ½ pulgada
- 1½ tazas de agua
- 1½ cucharaditas de sal kosher
- ½ taza de maní sin sal
- Jugo de 1 limón
- ¼ de taza de cilantro fresco picado
- Pepinillo de limón para servir
- Yogur natural para servir

INSTRUCCIONES:
a) Precalienta el aceite en la olla instantánea usando la configuración alta para saltear.

b) Cocine las semillas de comino en el aceite caliente en el fondo de la olla hasta que chisporrotee, aproximadamente de 1 a 2 minutos.

c) Agrega la quinua, las hojas de curry y los chiles y cocina de 2 a 3 minutos, o hasta que la quinua esté tostada.

d) Combine la papa, el agua y la sal en un tazón.

e) Raspe los lados de la olla para asegurarse de que toda la quinua esté sumergida.

f) Seleccione Cocción a presión o Manual y cocine durante 2 minutos a alta presión.

g) En una sartén pequeña, tuesta ligeramente los cacahuetes durante 2 a 3 minutos, revolviendo con regularidad y déjalos enfriar.

h) Deje que la presión se disipe espontáneamente; esto debería tomar alrededor de 10 minutos.
i) Vierte el jugo de limón en la olla y agrega el maní.
j) Vierta el khichdi en tazones, decore con cilantro, una cucharada de yogur natural y un pepinillo de limón y sirva.

1.

39. Lentejas rojas al curry de Fiji

INGREDIENTES:
- 2 cucharadas de ghee
- ½ cucharadita de semillas de comino
- 1 cebolla amarilla pequeña, finamente picada
- 1 tomate pera, sin corazón y cortado en cubitos
- 1 cucharada de ajo picado
- 1½ cucharaditas de jengibre fresco rallado
- 1 taza de dal de lentejas, enjuagada
- 1 cucharadita de cilantro molido
- ½ cucharadita de chile rojo en polvo
- ⅛ cucharadita de cúrcuma molida
- 2 cucharaditas de sal kosher
- 3 a 4 tazas de agua
- 1 cucharada de azúcar moreno rallado
- ½ taza de cilantro fresco picado

INSTRUCCIONES:
a) Precalienta el ghee en Instant Pot usando la configuración alta para saltear.
b) Cocine las semillas de comino en el ghee caliente en los bordes inferiores de la olla durante aproximadamente 1 minuto o hasta que comiencen a crujir.
c) Agrega la cebolla, el tomate, el ajo y el jengibre y cocina por 2 minutos o hasta que los tomates se ablanden.
d) En un tazón grande, combine las lentejas, el cilantro, el chile en polvo, la cúrcuma y la sal; agregue 3 tazas de agua y bata para mezclar.
e) Seleccione Cocción a presión o Manual y cocine durante 10 minutos a alta presión.
f) Espere 10 minutos para que la presión se relaje naturalmente.

g) Inserte el azúcar moreno y la 1 taza de agua restante en la olla.

h) Pruebe y sazone al gusto con sal si es necesario. Seleccione la opción Saltear y cocine por 5 minutos, o hasta que las lentejas hiervan ligeramente.

i) Sirva en tazones y cubra con cilantro antes de servir.

40. Curry de guisantes de ojo negro de Fiji

INGREDIENTES:
- 1 cucharada de aceite vegetal neutro
- 1 cebolla amarilla pequeña, finamente picada
- 1 cucharada de ajo picado
- 1½ cucharaditas de jengibre fresco rallado
- 1 taza de guisantes de carita secos, enjuagados
- 1 tomate pera, sin corazón y cortado en cubitos
- 1½ cucharaditas de sal kosher
- 1 cucharadita de chile rojo en polvo
- 1 cucharadita de cilantro molido
- ½ cucharadita de comino molido
- ¼ cucharadita de cúrcuma molida
- 3 tazas de agua
- Arroz cocido

INSTRUCCIONES:
a) Precalienta el aceite en la olla instantánea usando la configuración alta para saltear.

b) Agrega la cebolla, el ajo y el jengibre y cocina por 2 minutos, o hasta que la cebolla comience a ponerse traslúcida.

c) Agregue los guisantes, el tomate, la sal, el chile en polvo, el cilantro, el comino y la cúrcuma, seguidos del agua.

d) Precalienta el horno a temperatura alta y saltea el curry hasta que hierva moderadamente, luego sirve.

41. Curry de garbanzos de Fiji

INGREDIENTES:
- 1 taza de garbanzos secos, enjuagados
- $3\frac{1}{2}$ tazas de agua
- 2 cucharadas de ghee
- 1 cucharadita de semillas de comino
- 1 cebolla amarilla, finamente picada
- 1 cucharadita de jengibre fresco rallado
- 1 cucharadita de ajo picado
- 1 cucharada de cilantro molido
- 2 cucharaditas de sal kosher
- 1 a 2 cucharaditas de chile rojo en polvo
- $\frac{1}{4}$ cucharadita de cúrcuma molida
- 2 tomates pera, finamente picados
- $\frac{1}{4}$ cucharadita de garam masala
- $\frac{1}{2}$ taza de cilantro fresco picado

INSTRUCCIONES:

a) Precalienta el ghee en Instant Pot usando la configuración alta para saltear.

b) Cocine las semillas de comino en el aceite caliente en los bordes inferiores de la olla durante aproximadamente 1 minuto o hasta que empiecen a crujir.

c) Agregue la cebolla y cocine a fuego lento, revolviendo periódicamente, durante unos 5 minutos o hasta que esté transparente.

d) Agregue el jengibre y el ajo y cocine por 1 minuto o hasta que estén fragantes.

e) Agregue el cilantro, la sal, el chile en polvo, la cúrcuma y los garbanzos, junto con las 112 tazas de agua, y revuelva bien con una cuchara de madera, raspando los trozos dorados del fondo de la cacerola.

f) Seleccione Cocción a presión o Manual y configure el temporizador en 35 minutos a alta presión.

g) Espere de 10 a 20 minutos para que la presión se libere naturalmente.

h) Introduce los tomates y el Garam masala en la olla.

i) Seleccione la configuración de salteado alto y cocine durante 5 minutos o hasta que los tomates se ablanden.

j) Sirva en tazones y cubra con cilantro antes de servir.

42. Lentejas mixtas con coco de Fiji

INGREDIENTES:
- ¼ de taza de cilantro fresco picado en trozos grandes
- ¼ taza de agua
- 3 cucharadas de coco rallado
- 1 cucharada de ajo picado
- 1 cucharadita de chiles verdes picantes cortados en cubitos
- 1 cucharadita de jengibre fresco rallado
- 2 cucharadas de ghee
- ½ cucharadita de semillas de mostaza negra
- ¼ cucharadita de cúrcuma molida
- ⅛ cucharadita de asafétida
- 1 taza de lentejas partidas variadas, enjuagadas
- 2 cucharaditas de cilantro molido
- ½ cucharadita de comino molido
- Sal kosher
- 3 a 4 tazas de agua
- ½ taza de cilantro fresco picado

INSTRUCCIONES:
a) Para hacer la pasta de especias, coloque el cilantro, el agua, el coco, el ajo, los chiles y el jengibre en un procesador de alimentos pequeño y presione hasta que se forme una pasta espesa.

b) Calienta el ghee en la olla instantánea usando la opción de salteado alto.

c) Echa las semillas de mostaza en el aceite caliente cerca de los bordes inferiores de la olla y fríelas hasta que exploten.

d) Combine la cúrcuma, la asafétida y la pasta de especias y agregue.

e) En un tazón grande, agregue las lentejas, el cilantro, el comino y 112 cucharadas de sal; vierta 2 tazas de agua y bata para mezclar.

f) Seleccione Cocción a presión o Manual y cocine durante 10 minutos a alta presión.

g) Seleccione la opción Saltear alto y cocine de 4 a 5 minutos, o hasta que el dal hierva moderadamente.

h) Pon la comida en la mesa.

1.

43. de tomate y remolacha al curry de Fiji

INGREDIENTES:
- 4 tomates pera, sin corazón y en cuartos
- 2 zanahorias, peladas y cortadas en rodajas
- 1 remolacha, pelada y cortada en cubos
- ½ cucharadita de comino molido
- rama de canela de 2 pulgadas
- 2 cucharaditas de curry en polvo
- Sal kosher
- 3 tazas de agua
- 2 cucharadas de arrurruz en polvo
- ½ cucharadita de pimienta negra recién molida
- 2 tazas de picatostes

INSTRUCCIONES:
a) En Instant Pot, combine los tomates, las zanahorias, la remolacha, el comino, la rama de canela, el curry en polvo, la sal y el agua.
b) Cocine a alta presión durante 10 minutos.
c) Retire la ramita de canela de la olla y déjela a un lado.
d) Haga puré la sopa con una batidora de mano hasta que quede completamente suave.
e) Vierta lentamente la suspensión de polvo de arrurruz mientras revuelve constantemente.
f) Agregue la pimienta y revuelva para combinar, luego pruebe y sazone con sal si es necesario.
g) Precalienta el horno a temperatura alta y saltea la sopa hasta que hierva suavemente.
h) Cubra con picatostes y sirva inmediatamente.

44. de calabaza y coco de Fiji

INGREDIENTES:
- 1½ libras de calabaza pelada y cortada en cubitos
- ½ taza de cebolla amarilla picada
- 4 dientes de ajo, pelados
- 1 lata de leche de coco baja en grasa
- 1 taza de caldo de verduras bajo en sodio
- 1 cucharada de aceite de oliva
- 1½ cucharaditas de sal kosher
- 1 cucharadita de garam masala
- 1 pizca de pimienta de cayena

INSTRUCCIONES:
a) En Instant Pot, combine la calabaza, la cebolla, el ajo, la leche de coco, el caldo de verduras, el aceite de oliva y la sal y revuelva para combinar.

b) Seleccione Cocción a presión o Manual y configure el temporizador en 8 minutos a alta presión.

c) Mueva la liberación de presión a Ventilación para realizar una liberación rápida. Abra la olla y haga puré la sopa con una batidora de mano hasta que quede suave.

d) Agrega el garam masala y la pimienta de cayena y revuelve para combinar.

e) Sirva la sopa en tazones, decore con una pizca de Garam masala y cayena y sirva inmediatamente.

45. Sopa de coliflor y cúrcuma de Fiji

INGREDIENTES:
- 1 cucharada de aceite de oliva
- 1 cebolla amarilla, rebanada
- 1 cucharadita de semillas de hinojo
- 3 tazas de floretes de coliflor
- 2 tomates pera, sin corazón y cortados en cubitos
- 1 papa rojiza, en cubos
- 6 dientes de ajo, pelados
- 1 cucharadita de jengibre fresco rallado
- 3 tazas de agua, y más según sea necesario
- 20 anacardos crudos
- ¼ cucharadita de cúrcuma molida
- 1 cucharadita de cilantro molido
- 1 cucharadita de comino molido
- 1 cucharadita de sal kosher
- ½ cucharadita de garam masala
- ¼ de taza de cilantro fresco picado
- ¼ cucharadita de pimienta de cayena

INSTRUCCIONES:
a) Precalienta el aceite de oliva en Instant Pot usando la opción Saltear.
b) Agregue la cebolla y las semillas de hinojo y cocine por 1 minuto o hasta que estén fragantes.
c) En un tazón grande, combine la coliflor, los tomates, la papa, el ajo y el jengibre.
d) En un tazón grande, agregue el agua, los anacardos, la cúrcuma, el cilantro, el comino y la sal.
e) a)Seleccione Cocción a Presión o Manual y cocine durante 10 minutos a baja presión.

f) Licue la sopa hasta que esté suave y cremosa, luego agregue el garam masala.

g) Seleccione la opción Saltear y cocine por 5 minutos, o hasta que la sopa hierva suavemente.

h) Sirva la sopa en tazones, cubra con cilantro y una pizca de Garam masala y pimienta de cayena y sirva inmediatamente.

46. Estofado de cordero picante de Fiji

INGREDIENTES:
- de aceite vegetal neutro
- rama de canela de 2 pulgadas
- 2 hojas de laurel indio
- 20 granos de pimienta negra
- 4 vainas de cardamomo verde
- 1½ libras de paleta de cordero deshuesada
- 2 cebollas amarillas, cada una cortada en 8 trozos
- 2 zanahorias
- 2 papas amarillas grandes
- 3 chiles rojos secos
- 1 cucharada de sal kosher
- 1 cucharadita de chile rojo en polvo
- ½ taza de agua
- ¼ de taza de cilantro fresco picado

INSTRUCCIONES:
a) Precalienta el aceite en la olla instantánea usando la configuración alta para saltear.
b) Saltee la rama de canela, las hojas de laurel, los granos de pimienta y el cardamomo durante 1 minuto o hasta que estén aromáticos.
c) Agregue los trozos de cordero y dore durante 2 a 3 minutos, volteando cada trozo varias veces, hasta que estén ligeramente dorados.
d) Agregue las cebollas, las zanahorias, las papas, los chiles, la sal y el chile en polvo, seguido del agua.
e) a)Elija Carne/Guisado como modo de cocción y configure el temporizador durante 35 minutos a alta presión.

f) Espere 10 minutos para que la presión se relaje naturalmente.

g) Seleccione la configuración alta para Saltear y cocine a fuego lento durante unos 5 minutos, o hasta que el guiso comience a espesarse.

h) Para apagar Instant Pot, presione Cancelar. A medida que el guiso se enfríe, se espesará aún más.

i) Sirva el guiso en platos, cubra con cilantro y sirva inmediatamente.

47. Sopa de lentejas rojas de Fiji

INGREDIENTES:
- 1 cebolla amarilla, finamente picada
- 1 zanahoria, pelada y cortada en rodajas
- 1 taza de tomates enlatados cortados en cubitos con jugo
- 1 taza de lentejas dal, enjuagadas
- 2 cucharadas de ajo picado
- 1 cucharadita de chile rojo en polvo
- 1 cucharadita de cilantro molido
- ½ cucharadita de comino molido
- ½ cucharadita de garam masala
- ¼ cucharadita de cúrcuma molida
- 3 tazas de caldo de verduras bajo en sodio
- 1 taza de agua
- Sal kosher
- 2 puñados grandes de espinacas tiernas
- ¼ de taza de cilantro fresco picado
- 4 a 6 rodajas de limón

INSTRUCCIONES:
a) En Instant Pot, combine la cebolla, la zanahoria, los tomates y su jugo, las lentejas dal, el ajo, el chile en polvo, el cilantro, el comino, el Garam masala y la cúrcuma.
b) Agregue el caldo de verduras y mezcle bien.
c) Seleccione Cocción a presión o Manual y configure el temporizador en 8 minutos a alta presión.
d) Deje que la presión se libere naturalmente durante 10 minutos.
e) Retire la tapa de la cacerola. Con el dorso de una cuchara, triture las lentejas en la posición alta de Saltear.

f) Agregue el agua, pruebe y sazone al gusto con sal si es necesario.

g) Agregue las espinacas y cocine a fuego lento, revolviendo ocasionalmente, hasta que la sopa hierva ligeramente.

h) Vierta en tazones, cubra con cilantro y sirva inmediatamente con un chorrito de limón.

48. Pollo al curry con mantequilla de Fiji

INGREDIENTES:
- 2 cucharadas de ghee
- 1 cebolla amarilla grande, finamente picada
- 2 libras deshuesadas muslos de pollo
- 1 taza de puré de tomate enlatado
- ½ taza de agua
- 1 cucharada de jengibre fresco rallado
- 1 cucharada de ajo picado
- 2 cucharaditas de chile rojo en polvo
- 2 cucharaditas de sal kosher
- 1 cucharadita de garam masala
- ½ cucharadita de cúrcuma molida
- ½ taza de crema de coco enlatada
- 2 cucharadas de pasta de tomate
- 2 cucharadas de hojas secas de fenogreco
- 2 cucharaditas de azúcar
- ½ taza de cilantro fresco picado
- 2 tazas de arroz basmati cocido

INSTRUCCIONES:
a) Precalienta el ghee en Instant Pot usando la configuración alta para saltear.

b) Agrega la cebolla y cocina a fuego lento durante 4 a 5 minutos, o hasta que esté transparente.

c) En un tazón grande, agregue el pollo, el puré de tomate, el agua, el jengibre, el ajo, el chile en polvo, la sal, el garam masala y la cúrcuma.

d) En un tazón grande, agregue la crema de coco, la pasta de tomate, el fenogreco y el azúcar.

e) Usando la configuración alta de Saltear, cocine durante aproximadamente 2 minutos o hasta que el curry hierva y esté completamente caliente.
f) Vierta el arroz en platos y cubra con el curry.
g) Adorne con cilantro antes de servir.

49. Chile de pollo picado de Fiji

INGREDIENTES:

- de aceite vegetal neutro
- 1 cucharadita de semillas de comino
- 1 cebolla amarilla grande, finamente picada
- 1 libra de pollo molido
- 1 cucharada de jengibre fresco rallado
- 1 cucharada de ajo picado
- 2 cucharaditas de chile rojo en polvo
- $1\frac{1}{2}$ cucharaditas de sal kosher
- $\frac{1}{2}$ cucharadita de cúrcuma molida
- 2 tomates pera, sin corazón y finamente picados
- 1 papa amarilla
- $\frac{1}{4}$ taza de agua
- 2 cucharadas de cilantro molido
- 1 cucharadita de garam masala
- $\frac{1}{2}$ taza de cilantro fresco picado

INSTRUCCIONES:

a) Precalienta el aceite en la olla instantánea usando la opción Saltear.
b) Agrega las semillas de comino y calienta durante 1 minuto, o hasta que empiecen a crujir.
c) Agrega la cebolla y cocina de 4 a 5 minutos, o hasta que esté tierna y transparente.
d) Cocine, partiendo el pollo con el jengibre, el ajo, el chile en polvo, la sal y la cúrcuma.
e) Agregue los tomates, las papas y el agua con una cuchara de madera, raspando los trozos dorados del fondo de la olla.
f) Agrega el cilantro y el garam masala a la mezcla.

g) Seleccione Cocción a presión o Manual y cocine durante 4 minutos a alta presión.

h) Deje que la presión se libere naturalmente durante 10 minutos.

i) Agrega el cilantro y sirve.

50. Curry fiyiano de pollo y espinacas

INGREDIENTES:
- de aceite vegetal neutro
- ½ cucharadita de semillas de comino
- 4 dientes
- 10 granos de pimienta negra
- 1 cebolla amarilla, finamente picada
- 1 a 2 cucharaditas de chile verde picante picado
- 2 cucharaditas de jengibre fresco rallado
- 2 cucharaditas de ajo picado
- 1½ libras de pechugas o muslos de pollo
- ½ taza de puré de tomate enlatado
- 2 cucharadas de agua
- 1½ cucharaditas de sal kosher
- ¼ cucharadita de cúrcuma molida
- ½ cucharadita de garam masala
- 2 tazas de arroz cocido

INSTRUCCIONES:
a) Precalienta el aceite a temperatura alta para saltear.
b) Cocine durante 30 segundos o hasta que las semillas de comino, los clavos y los granos de pimienta estén tostados.
c) Agregue la cebolla y el chile y cocine hasta que la cebolla esté transparente, aproximadamente 5 minutos.
d) Agregue el jengibre y el ajo, revuelva para incorporar y cocine por 1 minuto o hasta que esté fragante.
e) En un tazón grande, combine el pollo, el puré de tomate, el agua, la sal, la cúrcuma y el Garam masala, revolviendo bien con una cuchara de madera para quitar los trozos dorados del fondo de la olla.
f) Elija la opción Salteado alto. Agregue las espinacas y mezcle bien.

g) Vierta el arroz en platos y cubra con el curry.
h) Servir inmediatamente.
1.

51. Camarones con coco al curry de Fiji

INGREDIENTES:
- 1 lata de leche de coco
- 1 cucharada de aceite de coco
- 1 cebolla amarilla, en rodajas finas
- 6 dientes
- 4 vainas de cardamomo verde
- rama de canela de 2 pulgadas
- 4 chiles verdes pequeños y picantes, cortados por la mitad
- 15 hojas de curry
- 2 cucharaditas de jengibre fresco rallado
- 2 cucharaditas de ajo picado
- 2 tomates pera, rebanados
- $\frac{1}{2}$ cucharadita de cúrcuma molida
- $1\frac{1}{2}$ libras de camarones gigantes con cola
- 1 cucharadita de sal kosher
- $\frac{1}{4}$ de taza de cilantro fresco picado
- Arroz al vapor para servir

INSTRUCCIONES:
a) Precalienta el aceite de coco en la olla instantánea a temperatura alta para saltear.

b) Saltee la cebolla, el clavo, el cardamomo y la rama de canela hasta que la cebolla se ablande y se vuelva transparente, aproximadamente 5 minutos.

c) Agregue los chiles, las hojas de curry, el jengibre y el ajo y cocine por 1 minuto o hasta que estén fragantes.

d) En un tazón grande, agregue los tomates, la cúrcuma y los camarones. Agrega el agua de coco y la sal una vez más.

e) Selecciona Cocción a Presión o Manual y cocina durante 2 minutos a baja presión.

f) Retire la tapa de la olla, agregue la crema de coco y cubra con cilantro.

g) Sirva los camarones con arroz al vapor en un recipiente para servir.

52. Fiyiano Lamb vindaloo Fusión

INGREDIENTES:
- ¼ taza de vinagre de vino blanco
- 4 cucharadas de mezcla de especias Vindaloo de cordero
- 2 cucharadas de ajo picado
- 1 cucharada de jengibre fresco rallado
- 3 cucharaditas de sal kosher
- 2 libras de paleta de cordero deshuesada
- ¼ de taza de ghee
- 1 cucharadita de semillas de mostaza negra
- 1 cebolla amarilla grande, finamente picada
- ½ taza de agua
- 1 papa amarilla grande, pelada
- 2 cucharadas de chile rojo en polvo
- 1 cucharada de azúcar moreno
- 1 cucharada de pasta concentrada de tamarindo
- ⅛ cucharadita de cúrcuma molida
- pimienta de cayena
- ½ taza de cilantro fresco picado
- Arroz al vapor para servir
- 8 Parathas para servir

INSTRUCCIONES:
a) En un tazón, mezcle el vinagre, la mezcla de especias, el ajo, el jengibre y 2 cucharadas de sal.
b) Agregue el cordero y déle la vuelta para cubrirlo uniformemente.
c) Calienta el ghee en la olla instantánea usando la opción de salteado alto.

d) Agrega las semillas de mostaza al ghee caliente en el fondo de la olla y cocina de 2 a 3 minutos, o hasta que empiecen a reventar.

e) Agrega la cebolla y la 1 cucharadita de sal restante y cocina por 5 minutos, o hasta que la cebolla esté transparente. Agrega el cordero marinado hasta que todo esté bien combinado.

f) Agrega el agua y mezcla bien con una cuchara de madera.

g) Encima del cordero, disponer los dados de patata; no combinar.

h) Seleccione Cocción a presión o Manual y cocine durante 20 minutos a alta presión.

i) Espere 15 minutos para que la presión se relaje naturalmente.

j) En un tazón grande, combine el chile en polvo, el azúcar moreno, la pasta de tamarindo, la cúrcuma y la pimienta de cayena.

k) Seleccione la configuración alta de Saltear y cocine durante 1 minuto para combinar los condimentos.

l) Sirva el curry en platos y cubra con cilantro.

53. Curry de ternera y coco de Fiji

INGREDIENTES:
- 1 ½ libras carne de res, cortar en trozos
- ½ taza de albahaca, en rodajas
- 2 cucharadas de azúcar moreno
- 2 cucharadas de salsa de pescado
- ¼ taza de caldo de pollo
- ¾ taza de leche de coco
- 2 cucharadas de pasta de curry
- 1 cebolla, rebanada
- 1 pimiento morrón, rebanado
- 1 batata

INSTRUCCIONES:
a) En la olla instantánea, combine todos los ingredientes excepto la albahaca y revuelva bien.
b) Cocine a fuego alto durante 15 minutos después de sellar la olla con una tapa.
c) Deje que la presión se libere naturalmente antes de abrir la tapa.
d) Agrega la albahaca y mezcla bien.
e) Atender.

ACOMPAÑAMIENTOS Y ENSALADAS

54. Roti (pan plano de Fiji)

INGREDIENTES:
- 2 tazas de harina para todo uso
- 1/2 cucharadita de sal
- Agua

INSTRUCCIONES:

a) En un bol, combine la harina y la sal.

b) Agrega poco a poco agua y amasa hasta que se forme una masa suave y no pegajosa.

c) Divida la masa en porciones del tamaño de una pelota de golf y enróllelas formando círculos finos.

d) Calienta una plancha o sartén a fuego medio-alto.

e) Cocine los roti en la plancha caliente durante aproximadamente 1 a 2 minutos por cada lado, o hasta que se hinchen y desarrollen manchas marrones.

f) Sirva con su elección de chutney o curry.

55. Coco y yuca al vapor de Fiji

INGREDIENTES:
- 1 libra de yuca, pelada y cortada en trozos
- 1 taza de leche de coco
- 1/4 taza de agua
- 1 cucharada de azúcar (opcional, ajustar al gusto)
- Pizca de sal

INSTRUCCIONES:
a) En una olla grande o vaporera, agregue los trozos de yuca y cocínelos al vapor a fuego medio durante unos 15 a 20 minutos o hasta que estén tiernos y bien cocidos.
b) En una cacerola aparte, mezcle la leche de coco, el agua, el azúcar (si se usa) y una pizca de sal.
c) Calienta la mezcla de leche de coco a fuego lento hasta que esté bien caliente pero sin llegar a hervir.
d) Retire la yuca al vapor de la olla o vaporera y transfiérala a una fuente para servir.
e) Vierta la mezcla tibia de leche de coco sobre la yuca al vapor.
f) Sirva coco y yuca al vapor de Fiji como un acompañamiento delicioso y reconfortante.

56. Hojas de taro hervidas de Fiji y crema de coco

INGREDIENTES:
- 1 manojo de hojas frescas de taro, lavadas y picadas
- 1 lata (400ml) de crema de coco
- 1 cebolla, finamente picada
- 2 dientes de ajo, picados
- 1-2 chiles rojos, sin semillas y picados (opcional)
- Sal y pimienta para probar

INSTRUCCIONES:
a) En una olla grande, hierva agua y agregue las hojas de taro picadas.
b) Hervir las hojas durante unos 15-20 minutos o hasta que estén tiernas.
c) Escurre el agua y reserva las hojas hervidas.
d) En la misma olla calienta un poco de aceite a fuego medio y sofríe la cebolla picada, el ajo y los chiles hasta que la cebolla esté traslúcida y aromática.
e) Agrega las hojas de taro hervidas a la olla y mezcla bien con los ingredientes salteados.
f) Vierta la crema de coco y revuelva para combinar.
g) Sazone con sal y pimienta al gusto y deje que la mezcla hierva a fuego lento durante 5 a 10 minutos.
h) Sirva caliente como guarnición tradicional de Fiji con arroz u otros platos principales.

57. Uva de mar de Fiji

INGREDIENTES:
- Uvas de mar frescas
- Gajos de lima o limón, para servir

INSTRUCCIONES:

a) Enjuague las uvas de mar frescas con agua corriente fría para eliminar la arena o los residuos.

b) Seque las uvas de mar con un paño de cocina limpio o una toalla de papel.

c) Sirva las uvas de mar de Fiji como un refrigerio o guarnición refrescante y nutritivo, junto con rodajas de lima o limón para darle más sabor.

58. Berenjena asada de Fiji con hierbas

INGREDIENTES:
- 2 berenjenas grandes
- 2 cucharadas de aceite vegetal
- 2 dientes de ajo, picados
- 1 cucharada de hojas de tomillo fresco picado
- 1 cucharada de hojas de romero frescas picadas
- Sal y pimienta para probar
- Rodajas de limón, para servir

INSTRUCCIONES:
a) Precalienta tu horno a 400°F (200°C).
b) Corta las berenjenas por la mitad a lo largo y marca la pulpa con un cuchillo en forma de cruz.
c) Coloque las mitades de berenjena en una bandeja para hornear, con la pulpa hacia arriba.
d) En un tazón pequeño, mezcle el aceite vegetal, el ajo picado, el tomillo fresco picado y el romero fresco picado.
e) Unte la mezcla de aceite y hierbas sobre la pulpa de las mitades de berenjena.
f) Sazone la berenjena con sal y pimienta al gusto.
g) Ase la berenjena en el horno precalentado durante unos 25-30 minutos o hasta que la pulpa esté tierna y dorada.
h) Saca la berenjena asada del horno y déjala enfriar un poco.
i) Sirva la berenjena asada de Fiji con hierbas con rodajas de limón a un lado para exprimirlas sobre la berenjena.

59. Ensalada de pescado crudo de Fiji (Kokoda)

INGREDIENTES:
- 1 libra de filetes de pescado blanco firmes, cortados en cubitos (como pargo o mahi-mahi)
- 1 taza de crema de coco
- 1/4 taza de jugo de lima recién exprimido
- 1 pepino, pelado y cortado en cubitos
- 1 tomate, cortado en cubitos
- 1 cebolla pequeña, finamente picada
- 1 chile rojo pequeño, finamente picado (opcional, para darle más picante)
- Sal y pimienta para probar
- Cilantro fresco picado, para decorar
- Arroz blanco cocido o chips de taro, para servir

INSTRUCCIONES:
a) En un tazón, combine el pescado cortado en cubitos, la crema de coco y el jugo de lima recién exprimido. Asegúrate de que el pescado esté completamente cubierto con la mezcla.

b) Cubra el recipiente con film transparente y refrigere durante aproximadamente 2 horas, o hasta que el pescado esté "cocido" en el jugo de cítricos. El ácido del jugo de limón "cocinará" suavemente el pescado, dándole una textura similar a la del ceviche.

c) Una vez marinado el pescado, escurre el exceso de líquido del bol.

d) Agregue el pepino picado, el tomate, la cebolla finamente picada y el chile rojo (si lo usa) al pescado marinado. Mezclar todo suavemente.

e) Sazone la ensalada de pescado crudo de Fiji (Kokoda) con sal y pimienta al gusto.

f) Adorne con cilantro fresco picado antes de servir.

g) Sirva la ensalada de pescado crudo de Fiji con arroz blanco cocido o chips de taro para obtener un delicioso y refrescante plato de mariscos.

60. Roti de coco de Fiji

INGREDIENTES:
- 2 tazas de harina para todo uso
- 1 taza de coco rallado (sin azúcar)
- 2 cucharadas de azúcar
- 1/2 cucharadita de sal
- 2 cucharadas de mantequilla, derretida
- 1 taza de agua tibia (aproximadamente)

Instrucciones:
a) En un tazón, combine la harina para todo uso, el coco rallado, el azúcar y la sal.
b) Agrega poco a poco la mantequilla derretida a los ingredientes secos y mezcla bien. La mezcla debe parecerse a migajas gruesas.
c) Agregue lentamente agua tibia, poco a poco, y amase la masa hasta que se una. Es posible que necesites un poco más o menos de una taza de agua, así que agrégala gradualmente. La masa debe quedar suave y maleable.
d) Divida la masa en porciones del mismo tamaño y enróllelas formando bolas.
e) Calienta una plancha o una sartén antiadherente a fuego medio.
f) Toma una de las bolas de masa y colócala sobre una superficie limpia y enharinada. Extiéndalo hasta obtener un roti redondo y fino con un rodillo. Puedes hacerlos tan finos o tan gruesos como quieras.
g) Transfiera con cuidado el roti enrollado a la plancha o sartén caliente. Cocínelo durante aproximadamente 1 a 2 minutos por cada lado o hasta que se hinche un poco y tenga manchas doradas. Puedes untar un poco de mantequilla a cada lado si quieres.

h) Repita el proceso de enrollado y cocción para las bolas de masa restantes.

i) Sirva el Fijian Coconut Roti caliente, solo o con su curry, chutney o salsa favorita.

61. Ensalada de papaya verde de Fiji

INGREDIENTES:
- 1 papaya verde, pelada y rallada
- 1 zanahoria, pelada y rallada
- 1/4 taza de coco rallado
- 1/4 taza de maní, tostado y triturado
- 2-3 dientes de ajo, picados
- 1-2 chiles rojos, finamente picados (ajuste según su preferencia de especias)
- Jugo de 2 limas
- Sal y azúcar al gusto

INSTRUCCIONES:
a) En un tazón grande, combine la papaya rallada, la zanahoria, el coco y el maní.

b) En un recipiente aparte, mezcle el ajo picado, los chiles picados, el jugo de limón, la sal y el azúcar.

c) Vierta el aderezo sobre la ensalada y revuelva bien.

d) Deje marinar la ensalada durante unos 15 a 20 minutos antes de servir.

62. Ensalada de piña y pepino de Fiji

INGREDIENTES:
- 1 taza de trozos de piña fresca
- 1 pepino, rebanado
- 1/4 cebolla morada, en rodajas finas
- hojas de cilantro fresco
- Zumo de 1 lima
- Sal y pimienta para probar

INSTRUCCIONES:

a) En una ensaladera, combine los trozos de piña fresca, las rodajas de pepino y la cebolla morada en rodajas finas.

b) Exprime el jugo de lima sobre la ensalada y sazona con sal y pimienta.

c) Mezcle los ingredientes y decore con hojas de cilantro fresco.

63. Taro con crema de Fiji (taro en crema de coco)

INGREDIENTES:
- 2 tazas de taro, pelado y cortado en cubitos
- 1 taza de crema de coco
- 1/4 taza de agua
- 2-3 dientes de ajo, picados
- Sal y pimienta para probar

INSTRUCCIONES:
a) En una cacerola, combine el taro cortado en cubitos, la crema de coco, el agua y el ajo picado.
b) Condimentar con sal y pimienta.
c) Cocine a fuego lento, revolviendo ocasionalmente, hasta que el taro esté tierno y la crema de coco se espese.
d) Sirva este plato cremoso de taro de Fiji como acompañamiento, a menudo acompañado de pescado o carne a la parrilla.

CONDIMENTOS

64. Chutney de tamarindo picante de Fiji

INGREDIENTES:
- 1 taza de pulpa de tamarindo
- 1/2 taza de azúcar moreno
- 1/4 taza de agua
- 2-3 dientes de ajo, picados
- 1-2 chiles rojos, finamente picados (ajuste según su preferencia de especias)
- Sal al gusto

INSTRUCCIONES:
a) En una cacerola, combine la pulpa de tamarindo, el azúcar morena, el agua, el ajo picado y los chiles picados.
b) Cocine a fuego lento, revolviendo continuamente, hasta que la mezcla espese y el azúcar se disuelva.
c) Sazonar con sal al gusto.
d) Deje que el chutney se enfríe y luego sírvalo como aperitivo picante de Fiji. Marida bien con snacks fritos o a la plancha.

65. Pasta de ajo y jengibre

INGREDIENTES:
- 1 trozo (10 cm [4 pulgadas]) de raíz de jengibre, pelada y picada
- 12 dientes de ajo, pelados y recortados
- 1 cucharada de agua

INSTRUCCIONES:
a) Procesa todos los ingredientes en un procesador de alimentos hasta obtener una consistencia pastosa.

66. Salsa de pimiento picante de Fiji (Buka, Buka)

INGREDIENTES:
- 10-12 chiles rojos (ajuste el número al picante deseado)
- 2 dientes de ajo, picados
- 1/4 taza de vinagre
- Sal al gusto

INSTRUCCIONES:
a) Retire los tallos de los chiles y píquelos en trozos grandes.
b) En una licuadora o procesador de alimentos, combine los chiles, el ajo picado, el vinagre y una pizca de sal.
c) Licúa hasta lograr una salsa suave.
d) Guarde la salsa de pimiento picante en una botella o frasco y úsela para agregar un poco de picante a sus platos de Fiji.

67. Salsa de tamarindo de Fiji

INGREDIENTES:
- 1/2 taza de pulpa de tamarindo
- 1/4 taza de agua
- 2 cucharadas de azúcar
- 1/2 cucharadita de comino en polvo
- 1/2 cucharadita de chile rojo en polvo (ajuste según su preferencia de especias)
- Sal al gusto

INSTRUCCIONES:
a) En una cacerola pequeña, combine la pulpa de tamarindo y el agua. Caliéntalo a fuego lento y revuelve hasta que el tamarindo se ablande.
b) Retirar del fuego y colar la mezcla de tamarindo en un bol para quitar las semillas y las fibras.
c) Agregue azúcar, comino en polvo, chile rojo en polvo y sal al concentrado de tamarindo. Mezclar bien.
d) Deje que la salsa de tamarindo se enfríe antes de servir. Es un condimento picante y picante perfecto para acompañar snacks o platos principales.

68. Sambal de coco de Fiji

INGREDIENTES:
- 1 taza de coco recién rallado
- 1/2 taza de cebolla morada picada
- 1-2 chiles rojos, finamente picados (ajuste según su preferencia de especias)
- 2 dientes de ajo, picados
- Zumo de 1 lima
- Sal al gusto

INSTRUCCIONES:
a) En un tazón, combine el coco recién rallado, la cebolla morada picada, los chiles rojos picados y el ajo picado.
b) Exprime el jugo de lima sobre la mezcla y sazona con sal.
c) Mezcle todo y déjelo reposar unos minutos para que los sabores se mezclen.
d) Sirva el sambal de coco como condimento refrescante con varios platos de Fiji.

69. Salsa de hojas de taro de Fiji (Rourou Vakasoso)

INGREDIENTES:

- 1 manojo de hojas de taro, lavadas y picadas
- 1/2 cebolla, finamente picada
- 2 dientes de ajo, picados
- 1/2 taza de crema de coco
- Sal y pimienta para probar

INSTRUCCIONES:

a) En una cacerola, saltee la cebolla finamente picada y el ajo picado hasta que esté fragante.

b) Añade las hojas de taro picadas y saltea unos minutos hasta que se ablanden.

c) Agrega la crema de coco, la sal y la pimienta. Cocine a fuego lento hasta que la salsa espese y las hojas de taro estén tiernas.

d) Sirva la salsa de hojas de taro como condimento tradicional de Fiji junto con arroz o tubérculos.

70. Mango encurtido de Fiji (Toroi)

INGREDIENTES:
- 2 mangos verdes (inmaduros), pelados y cortados en cubitos
- 1/2 cebolla morada, finamente picada
- 1-2 chiles rojos, finamente picados (ajuste según su preferencia de especias)
- Zumo de 1 lima
- Sal al gusto

INSTRUCCIONES:

a) En un tazón, combine los mangos verdes cortados en cubitos, la cebolla morada finamente picada y los chiles rojos.

b) Exprime el jugo de lima sobre la mezcla y sazona con sal.

c) Mezcle todo y déjelo marinar durante al menos 30 minutos.

d) Sirva el mango encurtido, conocido como Toroi, como condimento picante y picante.

71. Chutney de mango y chile de Fiji

INGREDIENTES:
- 2 mangos maduros, pelados, sin hueso y cortados en cubitos
- 1/2 taza de azúcar
- 1/4 taza de vinagre
- 2-3 chiles rojos, finamente picados (ajuste según su preferencia de especias)
- 1/2 cucharadita de jengibre rallado
- 1/2 cucharadita de clavo molido
- Sal al gusto

INSTRUCCIONES:

a) En una cacerola, combine los mangos, el azúcar, el vinagre, los chiles rojos, el jengibre, el clavo molido y una pizca de sal.

b) Cocine a fuego lento, revolviendo ocasionalmente, hasta que la mezcla espese y los mangos se ablanden.

c) Deje que el chutney se enfríe y luego guárdelo en un frasco. Este chutney de mango picante es perfecto para agregar un toque dulce y picante a tus comidas.

72. Cilantro de Fiji y chutney de lima

INGREDIENTES:
- 1 taza de hojas de cilantro frescas, sin tallos
- Jugo de 2 limas
- 2 dientes de ajo, picados
- 1-2 chiles verdes, finamente picados
- 1/2 cucharadita de comino en polvo
- Sal al gusto

INSTRUCCIONES:
a) En un procesador de alimentos, combine el cilantro, el jugo de limón, el ajo picado, los chiles verdes picados, el comino en polvo y la sal.

b) Licue hasta obtener un chutney suave con un sabor picante y brillante.

c) Sirva este chutney de cilantro y lima como condimento picante para platos asados o fritos.

73. Salsa de piña de Fiji

INGREDIENTES:
- 1 taza de piña fresca picada
- 1/2 cebolla morada, finamente picada
- 1 pimiento rojo, finamente picado
- 1-2 chiles rojos, finamente picados (ajuste según su preferencia de especias)
- Zumo de 1 lima
- Hojas de menta fresca, picadas
- Sal y pimienta para probar

INSTRUCCIONES:
a) En un tazón, combine la piña picada, la cebolla morada finamente picada, el pimiento rojo, los chiles rojos y las hojas de menta fresca picadas.
b) Exprime el jugo de lima sobre la mezcla y sazona con sal y pimienta.
c) Mezcle todo y déjelo reposar durante unos minutos para fusionar los sabores.
d) Sirve esta refrescante salsa de piña como condimento para carnes o mariscos a la parrilla.

POSTRE

74. Pastel de plátano de Fiji

INGREDIENTES:
- 2 plátanos maduros triturados
- 1 1/2 tazas de harina con levadura o normal
- 1 taza de azúcar
- 3 huevos
- 4 cucharadas de mantequilla, derretida
- 1 cucharadita de bicarbonato de sodio
- 1/2 taza de leche
- 1 cucharadita de polvo para hornear (úselo solo si usa harina común)
- 1 cucharadita de extracto de vainilla
- 1 cucharadita de nuez moscada en polvo
- 1 cucharadita de canela en polvo
- 1 molde para pastel redondo engrasado

INSTRUCCIONES:
a) Precalienta el horno a 350 grados F (175 grados C).
b) En un tazón grande, agregue el puré de plátanos maduros, los huevos, el azúcar y la mantequilla derretida. Mezclar suavemente hasta que quede esponjoso.
c) Agregue el polvo para hornear (si usa harina común), el extracto de vainilla, la nuez moscada en polvo y la canela en polvo. Mezclar todo junto.
d) Agrega poco a poco la harina y mezcla bien para asegurarte de que no queden grumos en la mezcla.
e) Una vez que la mezcla esté bien mezclada, déjala a un lado y engrasa el molde para pastel con un poco de mantequilla derretida.
f) Vierta la mezcla del pastel en el molde engrasado.

g) Hornee durante 35-45 minutos o hasta que al insertar un palillo en el medio del pastel, éste salga limpio y el pastel esté dorado.

h) Retira el bizcocho del horno y déjalo enfriar sobre una rejilla.

i) Una vez enfriado, corta el pastel de plátano de Fiji y sírvelo como un delicioso postre. ¡Disfrutar!

75. Pastel de yuca de Fiji

INGREDIENTES:
- 2 libras de yuca, pelada y rallada
- 1 lata (400ml) de leche de coco
- 1 taza de azúcar granulada
- 1/2 taza de leche condensada
- 1/2 taza de leche evaporada
- 1/4 taza de mantequilla, derretida
- 1 cucharadita de extracto de vainilla
- Coco rallado (opcional, para cubrir)

INSTRUCCIONES:
a) Precalienta tu horno a 350°F (175°C). Engrase una fuente o molde para hornear.

b) En un tazón grande, combine la yuca rallada, la leche de coco, el azúcar granulada, la leche condensada, la leche evaporada, la mantequilla derretida y el extracto de vainilla. Mezclar bien hasta que todo esté uniformemente combinado.

c) Vierta la mezcla de yuca en la fuente para hornear engrasada y extiéndala uniformemente.

d) Si lo deseas, espolvorea coco rallado encima de la mezcla.

e) Hornee en el horno precalentado durante unos 45-50 minutos o hasta que la parte superior esté dorada y el centro cuaje.

f) Deje que el pastel de yuca se enfríe antes de cortarlo y servirlo.

76. Raita de Fiji

INGREDIENTES:
- 1 taza de yogur natural
- 1 pepino, pelado, sin semillas y rallado
- 1 cucharada de hojas de menta fresca picadas
- 1 cucharada de cilantro fresco picado
- 1/2 cucharadita de comino molido
- 1/2 cucharadita de cilantro molido
- Sal y pimienta para probar

INSTRUCCIONES:
a) En un tazón, combine el yogur natural, el pepino rallado, las hojas de menta fresca picadas, el cilantro fresco picado, el comino molido, el cilantro molido, la sal y la pimienta.
b) Mezclar todo hasta que esté bien combinado.
c) Cubre el tazón y refrigera la raita durante al menos 30 minutos para permitir que los sabores se mezclen.
d) Antes de servir, revuelva por última vez la raita de Fiji y pruebe a sazonarla. Ajustar con más sal o pimienta si es necesario.
e) Sirva la raita de Fiji como guarnición refrescante o acompañamiento de curry o carnes a la parrilla.

77. Plátanos de Fiji cocidos en coco

INGREDIENTES:
- 4 plátanos maduros, pelados y rebanados
- 1 taza de leche de coco
- 2 cucharadas de azúcar granulada (opcional, ajustar al gusto)
- Pizca de sal
- 1 cucharada de aceite vegetal
- Coco rallado (opcional, para decorar)

INSTRUCCIONES:
a) En una sartén grande, calienta el aceite vegetal a fuego medio.
b) Agrega los plátanos rebanados a la sartén y cocínalos unos minutos por cada lado hasta que estén ligeramente dorados y caramelizados.
c) Vierta la leche de coco y agregue el azúcar granulada (si se usa) y una pizca de sal.
d) Deje que los plátanos hiervan a fuego lento en la leche de coco durante unos 5 a 10 minutos o hasta que estén suaves y tiernos.
e) Opcional: Adorne con coco rallado para darle más textura y sabor a coco.
f) Sirva los plátanos de Fiji cocidos en coco como delicioso acompañamiento o postre.

78. Pastel de piña de Fiji

INGREDIENTES:
- 1 masa de tarta (prefabricada o casera)
- 1 taza de piña fresca, picada
- 1/2 taza de azúcar
- 2 cucharadas de harina para todo uso
- 2 huevos batidos
- 1/4 taza de mantequilla, derretida
- 1/2 cucharadita de extracto de vainilla

INSTRUCCIONES:
a) Precalienta tu horno a 350°F (180°C).
b) Coloque la masa de pastel en un molde para pastel.
c) En un bol, combine la piña picada, el azúcar, la harina, los huevos batidos, la mantequilla derretida y el extracto de vainilla.
d) Mezclar bien y verter la mezcla sobre la base del pastel.
e) Hornee durante unos 30-40 minutos, o hasta que el pastel esté listo y la parte superior dorada.
f) Déjelo enfriar antes de servir este delicioso pastel de piña de Fiji.

79. Pastel de natillas estilo Fiji con aderezos

INGREDIENTES:
- 125 g de mantequilla blanda
- 1 ½ tazas de harina con levadura
- 2 huevos
- ½ cucharadita de vainilla
- 1 taza de azúcar
- Polvo de flan
- 2 tazas de leche
- Colorante alimentario amarillo (opcional)

ADORNOS (OPCIONAL)
- Leche Condensada / Nata Montada
- Cacahuetes molidos
- fruta en rodajas

INSTRUCCIONES:
a) Batir ½ taza de azúcar y mantequilla, agregar los huevos y la vainilla y combinar

b) Luego agregue la harina y amase suavemente hasta obtener una masa.

c) Engrase una fuente para horno pequeña, una bandeja de aluminio o moldes con mantequilla y extienda la masa sobre la bandeja. Extienda la masa hacia los lados y distribuya uniformemente.

d) Haga pequeños agujeros con un tenedor en la masa y hornee hasta que esté dorada y bien cocida a 180-200 grados en el horno (debe tardar aproximadamente entre 20 y 25 minutos).

e) Mientras se hornea la masa, prepare el relleno de natillas siguiendo las instrucciones del paquete para hacer al menos 2 tazas de natillas con la leche y el azúcar restante; agregue colorante amarillo si lo desea y déjelo enfriar.

f) Una vez lista la masa, dejar enfriar y verter la crema encima.

g) Cubra con crema batida, leche condensada, maní o fruta en rodajas (los melocotones o los mangos combinan muy bien)

h) Refrigere durante la noche y sirva frío.

80. Pudín de tapioca y plátano de Fiji

INGREDIENTES:
- 1/2 taza de tapioca perla pequeña
- 3 tazas de leche de coco
- 1/2 taza de azúcar
- 4 plátanos maduros, triturados
- 1/2 cucharadita de extracto de vainilla
- Una pizca de sal

INSTRUCCIONES:

a) Remojar la tapioca en agua durante unos 30 minutos y luego escurrir.

b) En una cacerola, combine la tapioca escurrida, la leche de coco, el azúcar y una pizca de sal.

c) Cocine a fuego lento, revolviendo frecuentemente, hasta que la mezcla espese.

d) Retire del fuego y agregue el puré de plátanos y el extracto de vainilla.

e) Deje que el pudín se enfríe antes de servir. Se puede disfrutar caliente o frío.

81. Bagatela de piña y coco de Fiji

INGREDIENTES:
- 1 bizcocho o bizcocho grande, en cubos
- 1 taza de piña fresca, cortada en cubitos
- 1 taza de crema de coco
- 1 taza de crema espesa, batida
- 1/2 taza de azúcar
- 1/2 taza de hojuelas de coco tostado
- Hojas de menta fresca para decorar.

INSTRUCCIONES:
a) En un plato pequeño o en un tazón de vidrio, coloque capas de pastel en cubitos, piña cortada en cubitos y hojuelas de coco tostadas.
b) Rocíe la crema de coco sobre las capas.
c) Repite las capas hasta llenar el plato.
d) Cubra con crema batida y azúcar.
e) Adorne con hojas de menta fresca.
f) Enfríe el bizcocho durante al menos una hora antes de servir.

82. Tarta de coco de Fiji (Tavola)

INGREDIENTES:
- 1 base de pastel prefabricada
- 2 tazas de coco recién rallado
- 1 taza de azúcar
- 1/4 taza de mantequilla, derretida
- 2 huevos batidos
- 1/2 cucharadita de extracto de vainilla

INSTRUCCIONES:
a) Precalienta tu horno a 350°F (180°C).
b) Coloque la masa de pastel en un molde para pastel.
c) En un tazón, combine el coco rallado, el azúcar, la mantequilla derretida, los huevos batidos y el extracto de vainilla.
d) Mezclar bien y verter la mezcla sobre la base del pastel.
e) Hornee durante unos 30-40 minutos, o hasta que la tarta esté firme y la parte superior dorada.
f) Déjelo enfriar antes de cortar y servir esta tarta de coco de Fiji.

83. Pudín de plátano y coco de Fiji

INGREDIENTES:

- 4 plátanos maduros, triturados
- 1/2 taza de coco rallado
- 1/2 taza de azúcar
- 1/2 taza de harina para todo uso
- 1/2 cucharadita de polvo para hornear
- 1/4 taza de mantequilla, derretida
- 1/2 taza de leche

INSTRUCCIONES:

a) Precalienta tu horno a 350°F (180°C).

b) En un tazón, combine el puré de plátanos, el coco rallado, el azúcar, la harina y el polvo para hornear.

c) Agregue la mantequilla derretida y la leche para formar una masa suave.

d) Vierta la masa en una fuente para horno engrasada y hornee durante unos 30-40 minutos, o hasta que la parte superior esté dorada y al introducir un palillo salga limpio.

e) Déjelo enfriar antes de servir este reconfortante pudín de plátano y coco de Fiji.

84. Bolas de taro y coco de Fiji (Kokoda Maravu)

INGREDIENTES:
- 2 tazas de taro, hervido y triturado
- 1 taza de coco rallado
- 1/2 taza de azúcar
- 1/4 taza de harina
- 1/2 cucharadita de extracto de vainilla

INSTRUCCIONES:

a) En un tazón, combine el puré de taro, el coco rallado, el azúcar, la harina y el extracto de vainilla.
b) Mezclar bien para formar una masa.
c) Forma bolitas con la mezcla y colócalas en una bandeja.
d) Enfríe las bolas de taro y coco en el refrigerador durante aproximadamente una hora antes de servir.

85. Pan de plátano y piña de Fiji

INGREDIENTES:

- 1 1/2 tazas de harina para todo uso
- 1 cucharadita de polvo para hornear
- 1/2 cucharadita de bicarbonato de sodio
- 1/2 taza de azúcar
- 2 plátanos maduros, triturados
- 1/2 taza de piña triturada, escurrida
- 1/4 taza de aceite vegetal
- 2 huevos
- 1/2 cucharadita de extracto de vainilla

INSTRUCCIONES:

a) Precalienta el horno a 350 °F (180 °C) y engrasa un molde para pan.

b) En un tazón, combine la harina, el polvo para hornear, el bicarbonato de sodio y el azúcar.

c) En otro bol, mezcle el puré de plátanos, la piña triturada, el aceite vegetal, los huevos y el extracto de vainilla.

d) Combine los ingredientes húmedos y secos y vierta la masa en el molde para pan engrasado.

e) Hornee durante unos 45-50 minutos o hasta que al introducir un palillo éste salga limpio.

f) Deje que el pan de piña y plátano se enfríe antes de cortarlo y servirlo.

BEBIDAS

86. Bebida de raíz de kava de Fiji

INGREDIENTES:
- Raíz de kava en polvo o raíz de kava triturada
- Agua

INSTRUCCIONES:
a) En un bol grande o "tanoa" (cuenco tradicional de kava), coloque la cantidad deseada de raíz de kava en polvo o raíz de kava triturada.

b) Agregue agua al recipiente y amase o revuelva bien la raíz de kava.

c) Continúe amasando o removiendo la mezcla hasta que el líquido se vuelva turbio y los extractos de kava se mezclen con el agua.

d) Vierta la bebida de kava a través de un colador o paño para eliminar las partículas sólidas, dejando solo el líquido con infusión de kava.

e) Sirva la bebida de raíz de kava de Fiji en pequeños vasos comunitarios llamados "bilo" o "taki" para compartir entre amigos e invitados.

f) Nota: La bebida de raíz de kava es una bebida tradicional de Fiji que se ha consumido durante siglos en reuniones sociales y culturales. Es esencial beber kava de manera responsable y ser consciente de posibles interacciones con medicamentos o condiciones de salud.

87. Batido de plátano de Fiji

INGREDIENTES:
- 2 plátanos maduros
- 1/2 taza de yogur
- 1/2 taza de leche de coco
- 2 cucharadas de miel (ajustar al gusto)
- Cubitos de hielo (opcional)

INSTRUCCIONES:
a) En una licuadora, combine los plátanos maduros, el yogur, la leche de coco y la miel.
b) Agrega cubitos de hielo si quieres un batido más frío.
c) Mezcle hasta que esté suave y cremosa.
d) Vierta en vasos y disfrute de su batido de plátano de Fiji.

88. Ponche de piña de Fiji

INGREDIENTES:
- 2 tazas de jugo de piña fresco
- 1/2 taza de jugo de naranja
- 1/4 taza de jugo de lima
- 1/4 taza de azúcar
- 2 tazas de agua con gas
- Rodajas de piña y lima para decorar

INSTRUCCIONES:
a) En una jarra, combine el jugo de piña fresco, el jugo de naranja, el jugo de lima y el azúcar. Revolver hasta que el azúcar se disuelva.

b) Agregue agua con gas y revuelva suavemente.

c) Sirva el ponche de piña de Fiji en vasos llenos de hielo y decore con rodajas de piña y lima.

89. Cóctel de coco y ron de Fiji

INGREDIENTES:

- 2 onzas de ron blanco
- 1 onza de crema de coco
- 3 onzas de jugo de piña
- Hielo picado
- Rodaja de piña y cereza marrasquino para decorar

INSTRUCCIONES:

a) En una coctelera, combine el ron blanco, la crema de coco y el jugo de piña.
b) Agite bien con hielo hasta que esté frío.
c) Cuela el cóctel en un vaso lleno de hielo picado.
d) Adorne con una rodaja de piña y una cereza marrasquino.

90. Cerveza de jengibre de Fiji

INGREDIENTES:
- 1 taza de jengibre fresco, pelado y rebanado
- 2 tazas de azúcar
- 2 tazas de agua
- Jugo de 2 limones
- Agua carbonatada

INSTRUCCIONES:

a) En una cacerola, combine el jengibre fresco, el azúcar y el agua. Llevar a ebullición y cocinar a fuego lento durante unos 15-20 minutos.

b) Deja que la mezcla de jengibre se enfríe y cuélala para quitar los trozos de jengibre.

c) Incorpora el jugo de limón.

d) Para servir, llena un vaso con hielo, agrega una porción de almíbar de jengibre y completa con agua carbonatada. Ajusta la fuerza a tu gusto.

91. Papaya Lassi de Fiji

INGREDIENTES:
- 1 papaya madura, pelada, sin semillas y en cubos
- 1 taza de yogur
- 1/2 taza de leche de coco
- 2-3 cucharadas de miel (ajustar al gusto)
- Cubitos de hielo (opcional)

INSTRUCCIONES:
a) En una licuadora, combine la papaya madura, el yogur, la leche de coco y la miel.
b) Agrega cubitos de hielo si quieres una bebida más fría.
c) Mezcle hasta que esté suave y cremosa.
d) Vierta en vasos y disfrute de su refrescante lassi de papaya de Fiji.

92. Ponche de ron de Fiji

INGREDIENTES:

- 2 onzas de ron oscuro
- 2 onzas de jugo de piña
- 2 onzas de jugo de naranja
- 1 onza de jugo de lima
- 1 oz de jarabe de granadina
- Rodajas de piña y naranja para decorar

INSTRUCCIONES:

a) En una coctelera, combine el ron oscuro, el jugo de piña, el jugo de naranja, el jugo de lima y el jarabe de granadina.
b) Agite bien con hielo hasta que esté frío.
c) Cuela el ponche en un vaso lleno de hielo.
d) Adorne con rodajas de piña y naranja para darle un toque tropical.

93. Batido de piña y coco de Fiji

INGREDIENTES:
- 1 taza de trozos de piña fresca
- 1/2 taza de leche de coco
- 1/2 taza de yogur
- 2-3 cucharadas de miel (ajustar al gusto)
- Cubitos de hielo (opcional)

INSTRUCCIONES:
a) En una licuadora, combine los trozos de piña fresca, la leche de coco, el yogur y la miel.
b) Agrega cubitos de hielo si quieres un batido más frío.
c) Mezcle hasta que esté suave y cremosa.
d) Vierta en vasos y disfrute de su batido tropical de piña y coco de Fiji.

94. Lassi de mango de Fiji

INGREDIENTES:
- 1 mango maduro, pelado, sin hueso y en cubos
- 1 taza de yogur
- 1/2 taza de leche
- 2-3 cucharadas de miel (ajustar al gusto)
- Cubitos de hielo (opcional)

INSTRUCCIONES:
a) En una licuadora, combine el mango maduro, el yogur, la leche y la miel.
b) Agrega cubitos de hielo si quieres una bebida más fría.
c) Mezcle hasta que esté suave y cremosa.
d) Vierta en vasos y saboree este delicioso lassi de mango de Fiji.

95. Mojito de coco de Fiji

INGREDIENTES:

- 2 onzas de ron blanco
- 2 onzas de crema de coco
- Zumo de 1 lima
- 6-8 hojas de menta fresca
- 1 cucharadita de azúcar
- Club soda

INSTRUCCIONES:

a) En un vaso, tritura las hojas de menta fresca y el azúcar para liberar los sabores de la menta.
b) Agrega el ron blanco, la crema de coco y el jugo de lima.
c) Llene el vaso con hielo y cúbralo con agua mineral con gas.
d) Revuelva suavemente y decore con una ramita de menta y una rodaja de lima.

96. Té de jengibre y limoncillo de Fiji

INGREDIENTES:
- 2-3 rodajas de jengibre fresco
- 2-3 tallos de limoncillo, cortados en trozos
- 2 tazas de agua
- Miel o azúcar al gusto

INSTRUCCIONES:
a) En una cacerola, hierva agua y agregue el jengibre y la hierba de limón.
b) Cocine a fuego lento durante unos 10-15 minutos para infundir los sabores.
c) Retirar del fuego y endulzar con miel o azúcar al gusto.
d) Cuela el té y sírvelo caliente. Se trata de un té de hierbas de Fiji, calmante y aromático.

97. Enfriador de tamarindo de Fiji

INGREDIENTES:
- 1 taza de pulpa de tamarindo
- 4 tazas de agua
- 1/4 taza de azúcar (ajustar al gusto)
- Cubos de hielo

INSTRUCCIONES:
a) En una jarra, combine la pulpa de tamarindo, el agua y el azúcar. Revuelva hasta que el azúcar se disuelva.
b) Agrega cubitos de hielo para enfriar la bebida.
c) Sirva el refresco de tamarindo de Fiji para disfrutar de un refresco dulce y picante.

98. Kava colada de Fiji

INGREDIENTES:
- 2 oz de extracto de raíz de kava (preparado según el método tradicional de Fiji)
- 2 onzas de crema de coco
- 2 onzas de jugo de piña
- 1 onza de ron blanco
- Hielo picado
- Rodaja de piña y cereza marrasquino para decorar

INSTRUCCIONES:

a) Prepare el extracto de raíz de kava según el método tradicional de Fiji.

b) En una coctelera, combine el extracto de raíz de kava, la crema de coco, el jugo de piña y el ron blanco.

c) Agite bien con hielo hasta que esté frío.

d) Cuela el cóctel en un vaso lleno de hielo picado.

e) Adorne con una rodaja de piña y una cereza marrasquino.

99. Enfriador de sandía y menta de Fiji

INGREDIENTES:
- 4 tazas de sandía en cubitos
- Jugo de 2 limas
- 1/4 taza de hojas de menta fresca
- 2-3 cucharadas de miel (ajustar al gusto)
- Cubos de hielo

INSTRUCCIONES:
a) En una licuadora, combine la sandía en cubitos, el jugo de lima, las hojas de menta fresca y la miel.
b) Agrega cubitos de hielo para enfriar la bebida.
c) Licue hasta que quede suave y refrescante.
d) Sirva el refresco fiyiano de sandía y menta para disfrutar de una experiencia revitalizante.

100. Cóctel de pasión de Fiji

INGREDIENTES:
- 6 onzas de jugo de maracuyá
- 2 onzas de jugo de piña
- 6 onzas de ron oscuro (preferiblemente ron de Fiji)
- 6 onzas triple sec
- hielo picado
- fruta fresca (para decorar)

INSTRUCCIONES:
a) Combine jugos, ron y Triple Sec.
b) Llene la licuadora con hielo picado.
c) Licue hasta que esté granizado.
d) Sirva en vasos de margarita, adornado con fruta.

CONCLUSIÓN

Al concluir nuestro viaje culinario a través de "LIBRO DE RECETAS DE SABORES TROPICALES DE FIJI", esperamos que no solo haya explorado la fusión única de sabores que definen la cocina de Fiji, sino que también se haya inspirado para llevar el sabor de Fiji a su propia cocina.

La cocina de Fiji, con énfasis en los ingredientes locales frescos y la diversidad cultural, ofrece una deliciosa variedad de platos que se pueden saborear y compartir con amigos y familiares. La calidez de la hospitalidad de Fiji y el paraíso tropical que sirve de telón de fondo a estos sabores ahora pueden ser parte de su repertorio culinario.

Lo alentamos a continuar explorando la cocina de Fiji, adaptando y creando platos que reflejen sus propios gustos y experiencias. Ya sea que esté recreando banquetes tradicionales de Fiji o dándole un toque a platos inspirados en Fiji, que su viaje culinario esté lleno de alegría, sabor y un pequeño toque de paraíso. Vinaka vakalevu (muchas gracias) y por muchas más comidas deliciosas inspiradas en la fusión única de sabores de Fiji.

www.ingramcontent.com/pod-product-compliance
Lightning Source LLC
Chambersburg PA
CBHW071309110526
44591CB00010B/837